Guía definitiva del CUERPO HUMANO

INCLUYE PÓSTER GIGANTE

LIBSA

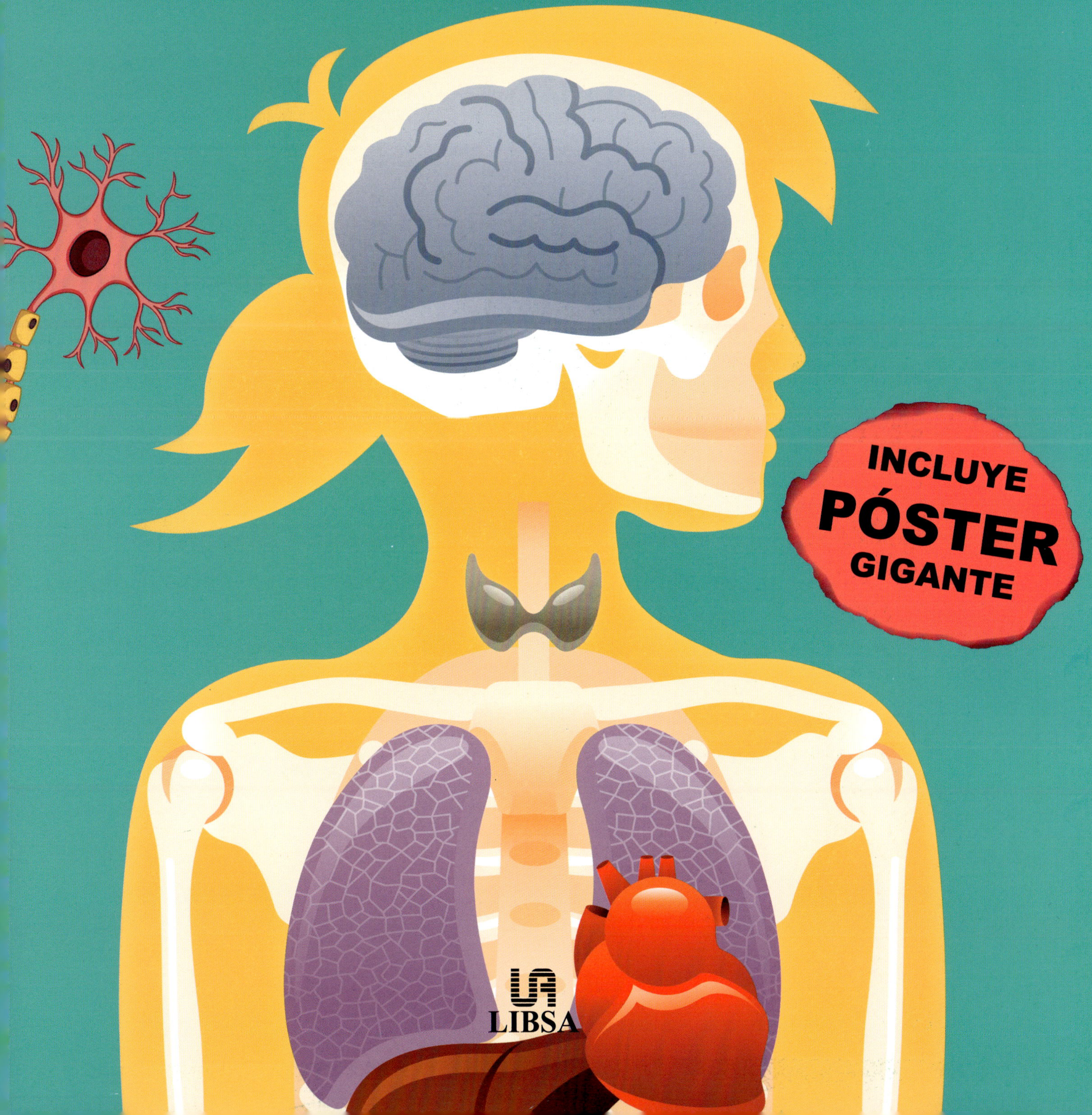

El cuerpo humano
Una máquina perfecta

Ni los robots más sofisticados, ni el ordenador de última generación, ni el cohete espacial más potente, ni las impresionantes posibilidades que ofrece la inteligencia artificial: no hay máquina ni tecnología que iguale el funcionamiento del cuerpo humano.

Todas y cada una de sus partes, órganos, movimientos y funciones se desarrollan y ejecutan de una manera perfecta y, además, magníficamente coordinadas entre ellos. Y esto tiene todo su sentido en cuanto descubrimos qué hay "dentro" de nuestro cuerpo. Esa es la idea de este libro: servirte de guía por ese apasionante recorrido que supone conocer la estructura interna de esa máquina perfecta de la que disfrutamos incluso antes de nacer y que nos va a acompañar durante toda la vida.

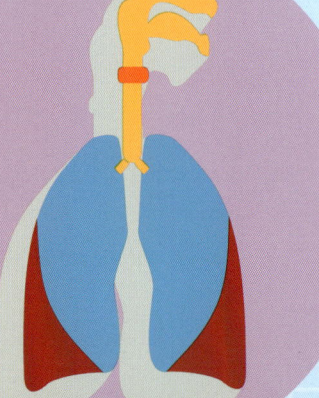

■ Los sistemas: piezas clave de todo el «engranaje»

Respiramos, olemos los distintos aromas, ingerimos la comida, oímos incluso los sonidos que no nos gustan (los ruidos), nos movemos voluntaria o involuntariamente… Todo esto es posible gracias a unas superestructuras que dirigen la puesta en marcha de todo el cuerpo: los sistemas. Y entre todos ellos, el «director de orquesta» es el sistema nervioso, trabajando mano a mano con el «jefe supremo», el cerebro.

■ El apasionante mundo de los sentidos

Tus cinco sentidos –vista, oído, tacto, gusto y olfato– funcionan de forma automática y en perfecta coordinación con cada una de las partes y órganos en los que se encuentran (ojos, oídos, piel, boca, nariz…). Y, además, todos ellos están a su vez conectados con unas terminaciones nerviosas que tienen línea directa con el «gran jefe» –ya sabes, el cerebro–, que es el encargado de descifrar la información que recibe.

■ Moverse, sentir y también reproducirse

Por si todas estas «funcionalidades» del cuerpo humano no fueran pocas, en las páginas siguientes comprobarás que, también, está perfectamente programado para reproducirse, es decir, para dar lugar a «nuevos seres humanos»; además, podrás descubrir qué secretos esconde una molécula de la que seguramente habrás oído hablar, el ADN; o el complejo y, a la vez, sorprendente, funcionamiento del corazón, la «supermáquina» que, a su vez, hace funcionar a todas las estructuras y elementos de esa «megaultramáquina» que es el cuerpo humano.

Con toda seguridad, todos estos descubrimientos harán que te des cuenta de los increíbles «poderes ocultos» que tiene tu cuerpo y, también, te animarán a cuidarlo como se merece. ¿Cómo? Siguiendo unos hábitos de vida saludables: deporte, juegos al aire libre, haciéndote amigo de las frutas y las verduras, durmiendo las horas que necesitas…

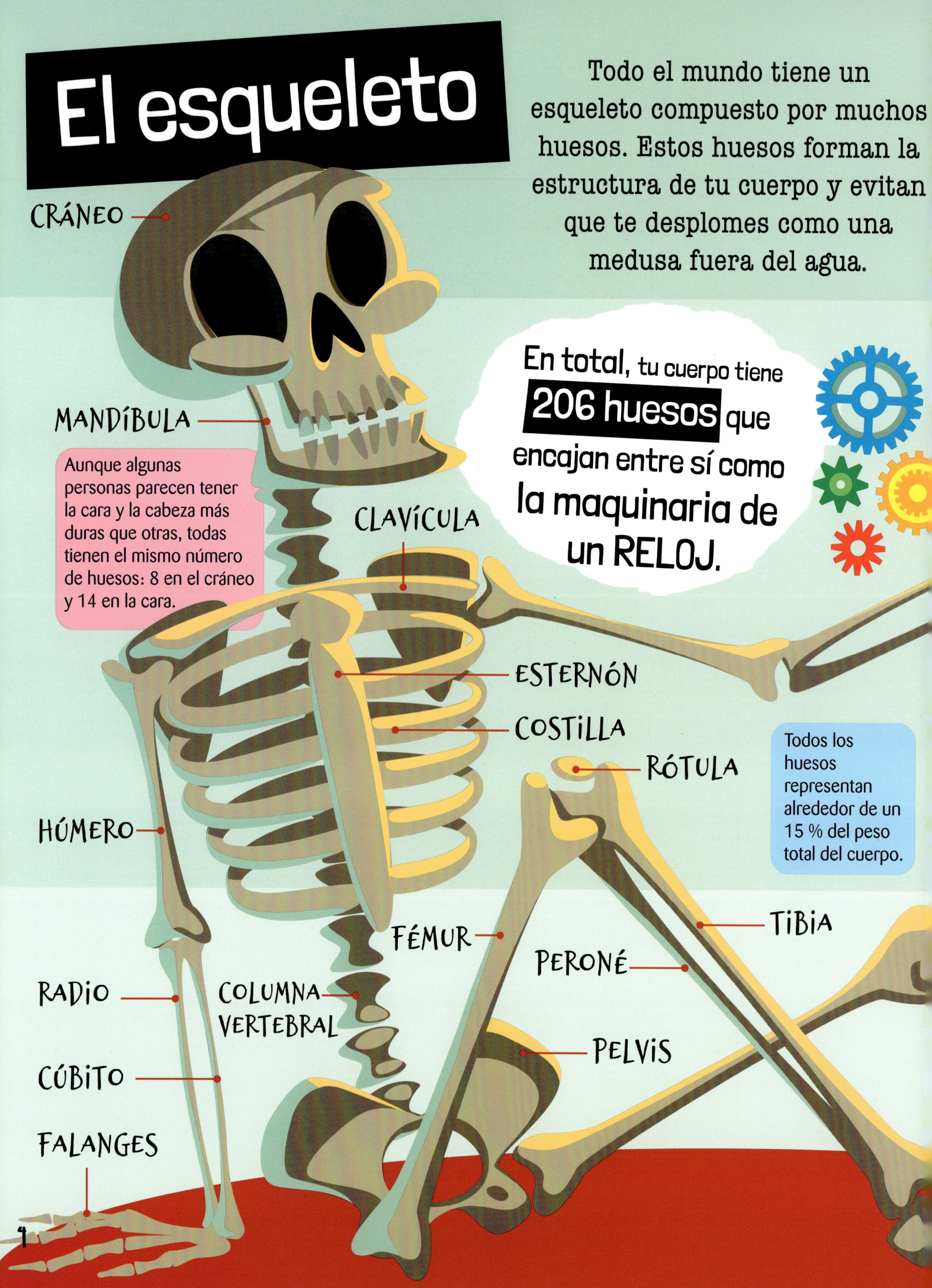

¿Para qué sirve la columna vertebral?

La columna vertebral te permite girarte y doblarte y mantiene erguido tu cuerpo. También protege la médula espinal, un gran haz de nervios que transmite información entre el cerebro y el resto del cuerpo.

La columna está formada por un total de 26 huesos llamados **vértebras**, que tienen forma de anillo.

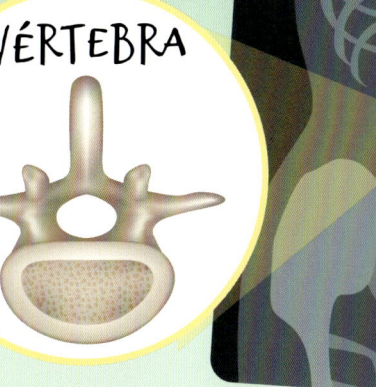

VÉRTEBRA

¿De qué están hechos los huesos?

Los huesos que forman tu esqueleto están creciendo y cambiando constantemente como otras partes de tu cuerpo. Casi todos los huesos están compuestos por los mismos materiales:

Hueso esponjoso
Como indica su nombre, se parece a una esponja. No es tan duro como el compacto, pero sigue siendo muy fuerte.

Periostio
Es una membrana densa y fina que contiene nervios y sangre que nutren el hueso.

Médula ósea
En muchos huesos, la parte esponjosa protege su parte más interna, la médula ósea, una especie de espesa gelatina encargada de producir células sanguíneas.

Hueso compacto
Esta parte es lisa y muy dura y se encuentra en más del 80 % de los huesos del cuerpo. Es lo que ves al observar un esqueleto.

¿Cuál es el hueso más largo que tenemos?

El fémur, el hueso que va desde la pelvis hasta la rodilla.

FALANGES

¿Y cuál es el más pequeño?

El hueso más pequeño se encuentra en nuestra cabeza, concretamente dentro del oído. ¡El estribo, situado detrás del tímpano, solo mide de 2,5 a 3,3 mm!

Los músculos

Cada vez que te sientas estás utilizando al músculo más grande de tu organismo: el glúteo mayor.

Los músculos hacen posible que tanto los huesos como los órganos puedan moverse. Los utilizas al caminar, cuando corres, al montar en bicicleta… y también lo haces sin darte cuenta (al parpadear, por ejemplo).

Tienes unos **650 músculos** repartidos por todo tu cuerpo.

MÚSCULO ESQUELÉTICO

EPIMISIO

El músculo esquelético representa el 40 % del peso corporal mientras que el músculo liso supone solo el 5-10 %.

MIOSINA
FILAMENTO
FIBRA MUSCULAR

¿Qué pueden hacer los músculos?

- **Estirarse:** Los músculos pueden aumentar su longitud (cuando nos ponemos de puntillas, por ejemplo) y recuperar después (en pocos segundos) su tamaño habitual.

- **Encogerse o acortarse:** Por ejemplo, al acercar un vaso a la boca para beber, se contraen los músculos del brazo, volviendo a estirarse cuando se deja de hacer este movimiento.

- **Dar «forma» al cuerpo:** Son los que proporcionan una estructura a nuestro cuerpo.

¿Cómo funcionan los músculos? Los músculos pueden funcionar de dos maneras:

1. **Voluntariamente:** Hay músculos que podemos utilizar siempre que queramos (bajo la «coordinación» del cerebro, que es el que emite la orden de movimiento): es lo que ocurre al caminar, girar la cabeza, nadar, apretar un botón, reír, hacer deporte…

2. **Involuntariamente:** Otros se mueven queramos o no, ya que corresponden a gestos o funciones corporales involuntarias como respirar, parpadear, retirar la mano cuando nos quemamos, cerrar los ojos al estornudar…

TENDÓN

¿Cómo se unen músculos y huesos?

Los músculos esqueléticos y los huesos nos hacen movernos, saltar, correr, etc. Para ello, el músculo recubre el hueso y se «adhiere» a él mediante los tendones, una especie de cilindros formados por tejidos de fibras superresistentes. Cuando el músculo se mueve, el hueso y el tendón también lo hacen.

FASCÍCULO

ENDOMISIO

PERIMISIO   MEMBRANA MUSCULAR

Tipos de músculos

Tienes tres tipos de músculos:

1. MÚSCULOS LISOS

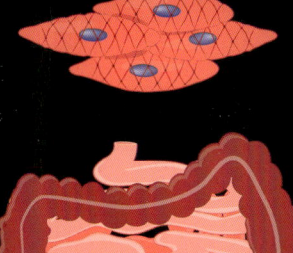

Recubren los órganos del aparato digestivo, los pulmones, los vasos sanguíneos y el globo ocular. Sus movimientos son involuntarios y lentos.

2. MÚSCULO CARDIACO

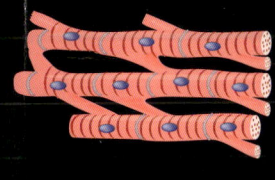

Asegura el correcto funcionamiento del corazón. Se mueve también de forma involuntaria y sus células son distintas a las del resto de los músculos.

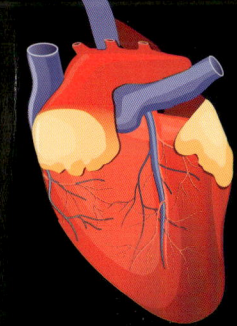

3. MÚSCULOS ESQUELÉTICOS

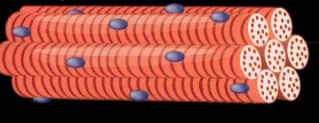

Son los más abundantes y y se mueven de forma voluntaria. Son los que proporcionan soporte y forma al cuerpo, y sus movimientos son rápidos y potentes.

El sistema nervioso

«¡Vista, oído, tacto!, recibido el mensaje; corto y cambio»; «nervios y músculos: esto es lo que tenéis que hacer; corto y cambio». Este sería un ejemplo de cómo funciona el sistema nervioso, el «centro de control» de todo el organismo.

■ ¿De qué se encarga el sistema nervioso?

El sistema nervioso se encarga de poner en contacto el cuerpo con el mundo exterior. Recibe la información captada por los sentidos, interpreta esa información y elabora a partir de ella mensajes o respuestas en los que les dice a los órganos cómo deben actuar en cada situación.

1 ENCÉFALO

2 MÉDULA ESPINAL

3 SISTEMA NERVIOSO PERIFÉRICO

3 SISTEMA NERVIOSO PERIFÉRICO

SISTEMA NERVIOSO CENTRAL

Hay dos tipos de nervios:

- **Sensitivos:** Llevan la información desde los órganos de los sentidos hasta el encéfalo y la médula espinal.

- **Motores:** Trasladan las órdenes que se elaboran en el sistema nervioso central hasta otros órganos del cuerpo.

El sistema nervioso central se encarga de recibir la información e interpretarla y elaborar una respuesta con la ayuda de:

1. El encéfalo: Está formado por órganos como el cerebro, el bulbo raquídeo (controla el latido cardiaco y la respiración), el cerebelo (responsable del equilibrio) o el tálamo (actúa como «filtro» de la información que llega a través de los sentidos, seleccionando solo la que es importante).

2. La médula espinal: Es un órgano en forma de cordón situado en el interior de la columna vertebral, protegido por las vértebras. Funciona como una autopista que conecta el encéfalo con todos los nervios del cuerpo.

3. El sistema nervioso periférico es el encargado de transmitir las «órdenes» del encéfalo al resto del organismo, y para ello cuenta con un arma infalible: los nervios.

■ **¿Qué son las neuronas?**

El sistema nervioso está compuesto por millones de un tipo especial de células llamadas neuronas. Ellas se encargan de recibir, conducir y transmitir los impulsos nerviosos. Están repartidas por todo el cuerpo y son muy pequeñas (cada neurona mide menos de 0,1 mm).

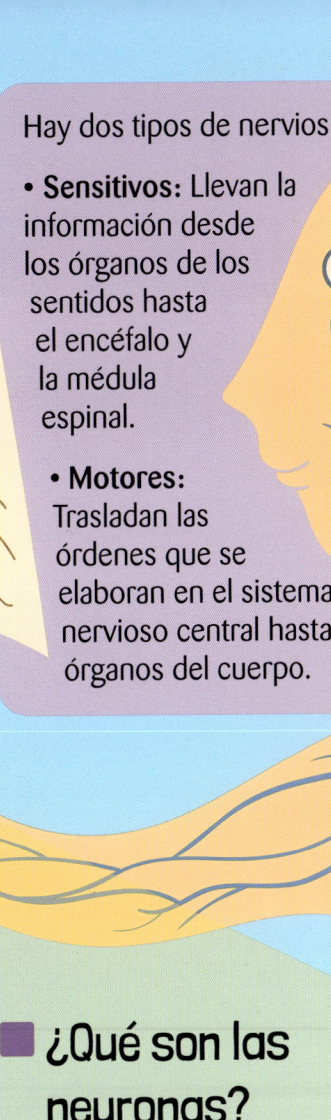

NEURONA

Tienes unos **85 000 millones** de neuronas **en tu cerebro.**

El cerebro

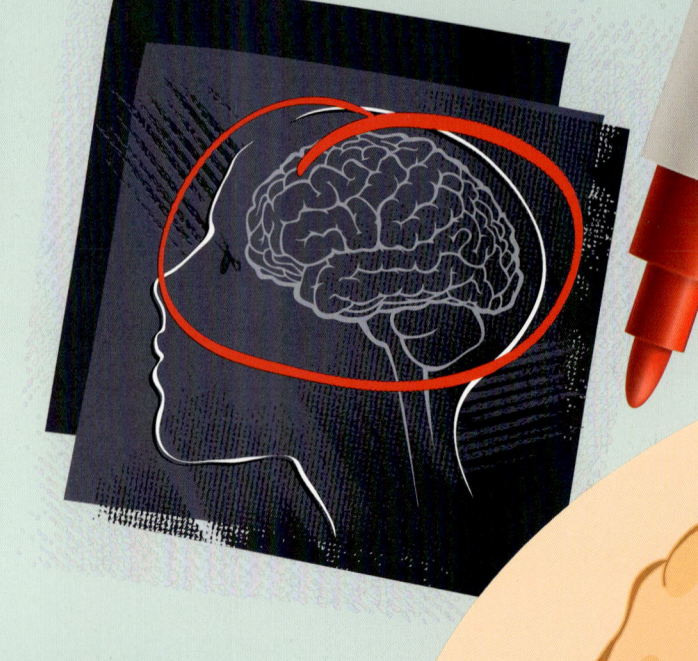

El cerebro es el superordenador del cuerpo humano: todo lo que nos ocurre, desde las emociones hasta la respiración, pasando por nuestros recuerdos o la mayor o menor facilidad para aprender idiomas, está coordinado por ese «gran jefe» que forma parte del sistema nervioso central.

◼ Dos hemisferios, ¿distintas habilidades?

El cerebro está dividido en dos partes llamadas hemisferios. Antes se pensaba que en unas personas dominaba más el hemisferio derecho, mientras que otras tenían más desarrollado el hemisferio izquierdo, y que cada hemisferio estaba especializado en funciones diferentes, pero hoy se piensa que los dos hemisferios contribuyen a la vez a realizar actividades complejas de la vida diaria.

EL CEREBRO VISTO DESDE ARRIBA

Hemisferio izquierdo

Hemisferio derecho

Se suele decir que solo utilizamos el 10 % de la capacidad de nuestro cerebro, pero no es cierto: usamos **todo** el cerebro casi todo el tiempo, incluso cuando estamos dormidos.

■ Una gran «oficina» con muchos departamentos

El cerebro está dividido en muchas áreas que se encargan a su vez de muchas funciones. Estas son algunas de las zonas más importantes:

El cerebro es muy ligero: representa solo el 2 % del peso corporal. El 60 % del cerebro está formado por grasa y tiene un 85 % de agua.

El encéfalo

Es el área o departamento más grande (ocupa el 85 % de la estructura cerebral). Está muy desarrollado y de él dependen funciones tan importantes como la memoria, la capacidad de razonar o el control y coordinación de los músculos voluntarios (lo que nos permite correr, bailar, caminar, etc., siempre que queramos).

El hipocampo

Esta zona cerebral se considera la «guardiana» de los recuerdos y las cosas que aprendemos a lo largo de toda la vida.

El hipotálamo

Es una parte «multitarea», ya que se encarga de cosas como los ciclos del sueño, la temperatura (la sensación de frío o calor), el hambre o el estado de ánimo (si estamos tristes, alegres, enfadados…).

La hipófisis

Es un órgano muy pequeño (del tamaño de un garbanzo) con una intensa actividad, ya que es el encargado de «fabricar» las hormonas, unas sustancias que tienen un papel clave en el organismo porque son las responsables, entre otras cosas, de que los bebés crezcan hasta convertirse en niños, jóvenes y adultos.

El tronco cerebral

Controla los músculos involuntarios, así que es el responsable de funciones como la digestión, la respiración o el latido del corazón.

El cerebro recibe el 25 % de la sangre que bombea el corazón; no puede estar más de 10 segundos consciente sin ese aporte sanguíneo.

Un **cerebro** adulto pesa unos **1,4 kg.**

El sistema digestivo

Tu cuerpo no puede utilizar los alimentos tal cual los comes. Todos ellos tienen que someterse a un proceso de transformación llamado digestión, que se realiza en el aparato digestivo.

Una vez que la comida masticada llega al estómago, sus paredes la mueven haciéndola rebotar para descomponerla. Así consigue que se convierta en pequeñas partículas, la mayoría de menos de ¡2 mm de diámetro!

De alimento a nutriente

En la digestión los alimentos entran en la boca y a lo largo de todo el proceso se van descomponiendo en partes más pequeñas hasta que al terminar la digestión pasan a la sangre en forma de nutrientes, que el organismo utiliza como fuente de energía.

Un largo viaje con muchas paradas

El aparato digestivo es un largo tubo por el que viajan los alimentos, y en el recorrido van haciendo «paradas» en las distintas partes que componen este aparato:

1 La boca

Es la «puerta de entrada» de la digestión. En ella, los alimentos se someten a la acción de los dientes, la saliva y la lengua, y como resultado de este trabajo en equipo se transforman en una sustancia llamada **bolo alimenticio**.

2 La faringe

Es un tubo que posee una válvula o tapa que se abre cuando tragamos, para dejar pasar el bolo alimenticio.

3 El esófago

Con forma de tubo, tiene unos músculos que, al moverse, «amasan» el bolo y lo van empujando hacia el estómago.

4 El estómago

Está en el centro de todo el proceso, ya que en él se inicia la parte final –y muy importante– de la digestión: la mezcla del bolo alimenticio con otras sustancias, los **jugos gástricos**. Gracias a los músculos que lo recubren, el estómago funciona como una potente «amasadora» que va reduciendo el bolo alimenticio hasta transformarlo en una especie de papilla blanquecina llamada **quimo**.

5 El intestino delgado

El quimo pasa al intestino delgado, donde se vuelve a mezclar con unos jugos producidos por dos órganos cercanos (el páncreas y el hígado). Como resultado de esta mezcla se obtienen pequeñas moléculas (los **nutrientes**) que pasan directamente a la sangre, la cual las transporta a todas las células del cuerpo.

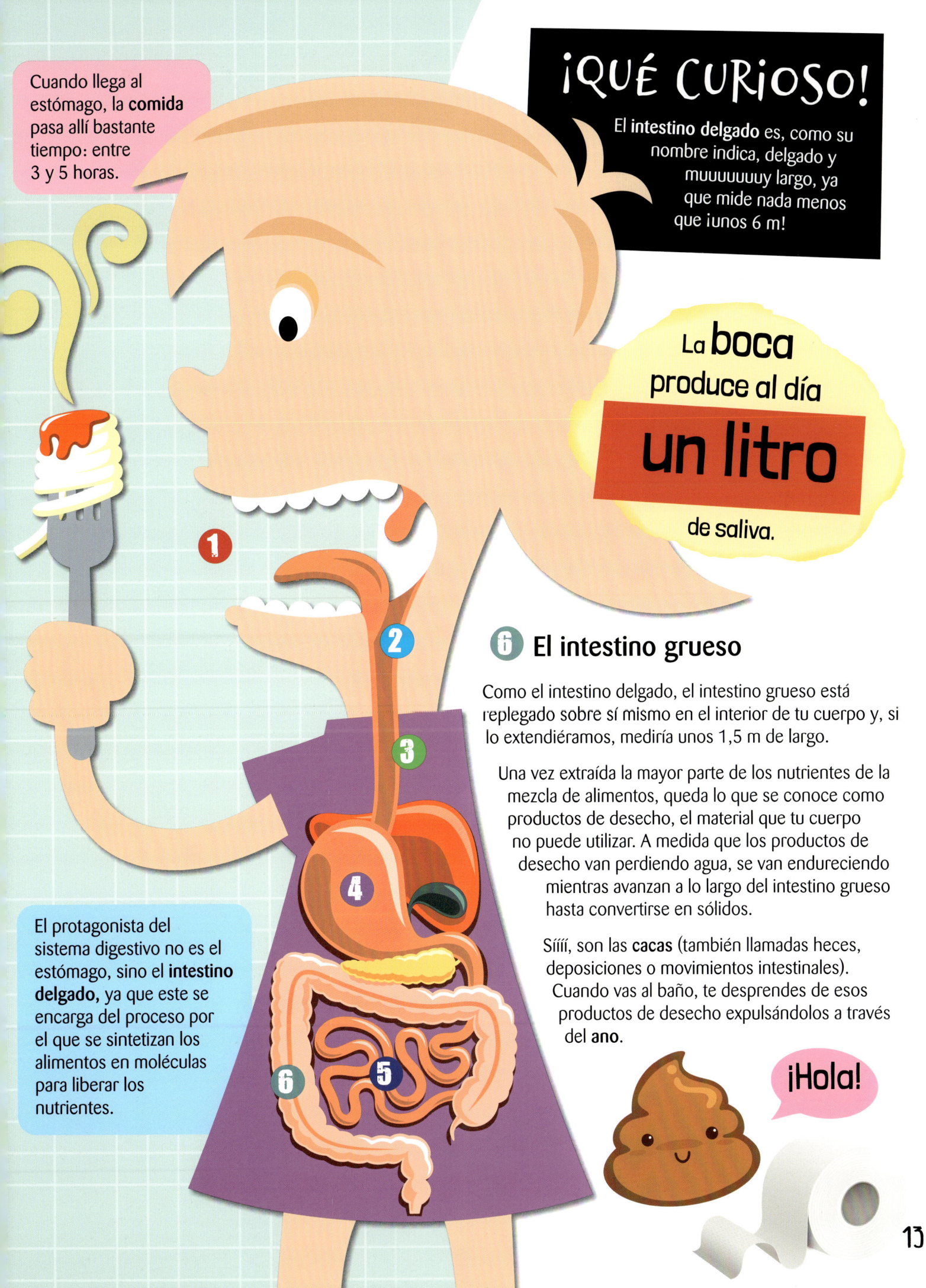

Cuando llega al estómago, la **comida** pasa allí bastante tiempo: entre 3 y 5 horas.

¡QUÉ CURIOSO!

El **intestino delgado** es, como su nombre indica, delgado y muuuuuuuy largo, ya que mide nada menos que ¡unos 6 m!

La **boca** produce al día **un litro** de saliva.

6 El intestino grueso

Como el intestino delgado, el intestino grueso está replegado sobre sí mismo en el interior de tu cuerpo y, si lo extendiéramos, mediría unos 1,5 m de largo.

Una vez extraída la mayor parte de los nutrientes de la mezcla de alimentos, queda lo que se conoce como productos de desecho, el material que tu cuerpo no puede utilizar. A medida que los productos de desecho van perdiendo agua, se van endureciendo mientras avanzan a lo largo del intestino grueso hasta convertirse en sólidos.

Síííí, son las **cacas** (también llamadas heces, deposiciones o movimientos intestinales). Cuando vas al baño, te desprendes de esos productos de desecho expulsándolos a través del **ano**.

El protagonista del sistema digestivo no es el estómago, sino el **intestino delgado,** ya que este se encarga del proceso por el que se sintetizan los alimentos en moléculas para liberar los nutrientes.

¡Hola!

La circulación

Tienes unos **30 billones** de glóbulos rojos en tu cuerpo.

La sangre circula por todo nuestro cuerpo y tiene una misión fundamental: mantenernos vivos. El recorrido que hace la sangre a través del aparato circulatorio se llama circulación.

CORAZÓN

■ Un equipo que funciona 24 horas al día

El sistema circulatorio está formado por tres elementos que llevan los nutrientes y el oxígeno a todas las células del cuerpo:

- EL CORAZÓN: Es el «jefe» no solo del aparato circulatorio sino de todo el organismo (si el corazón se para, nos morimos). Pone en movimiento la sangre en forma de bombeo.

SANGRE

- LA SANGRE: Está compuesta por una parte líquida (plasma) y una serie de células (glóbulos y plaquetas).

- LOS VASOS SANGUÍNEOS: Son las «tuberías» por las que circula la sangre.

VASOS SANGUÍNEOS

■ ¿Cuántos tipos de vasos sanguíneos hay?

Hay tres tipos:

1. ARTERIAS: Salen del corazón y llevan la sangre al resto del cuerpo.
2. VENAS: Llevan la sangre de vuelta al corazón.
3. CAPILARES: Reciben el oxígeno y los nutrientes que depositan en las células y se desprenden del dióxido de carbono de la respiración

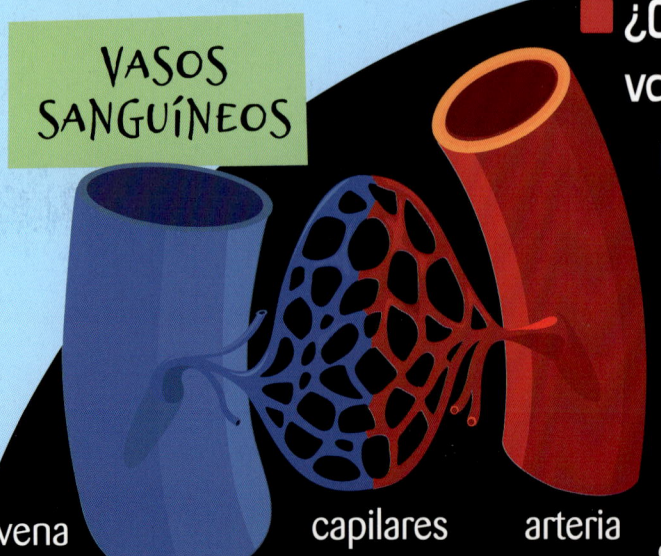

vena   capilares   arteria

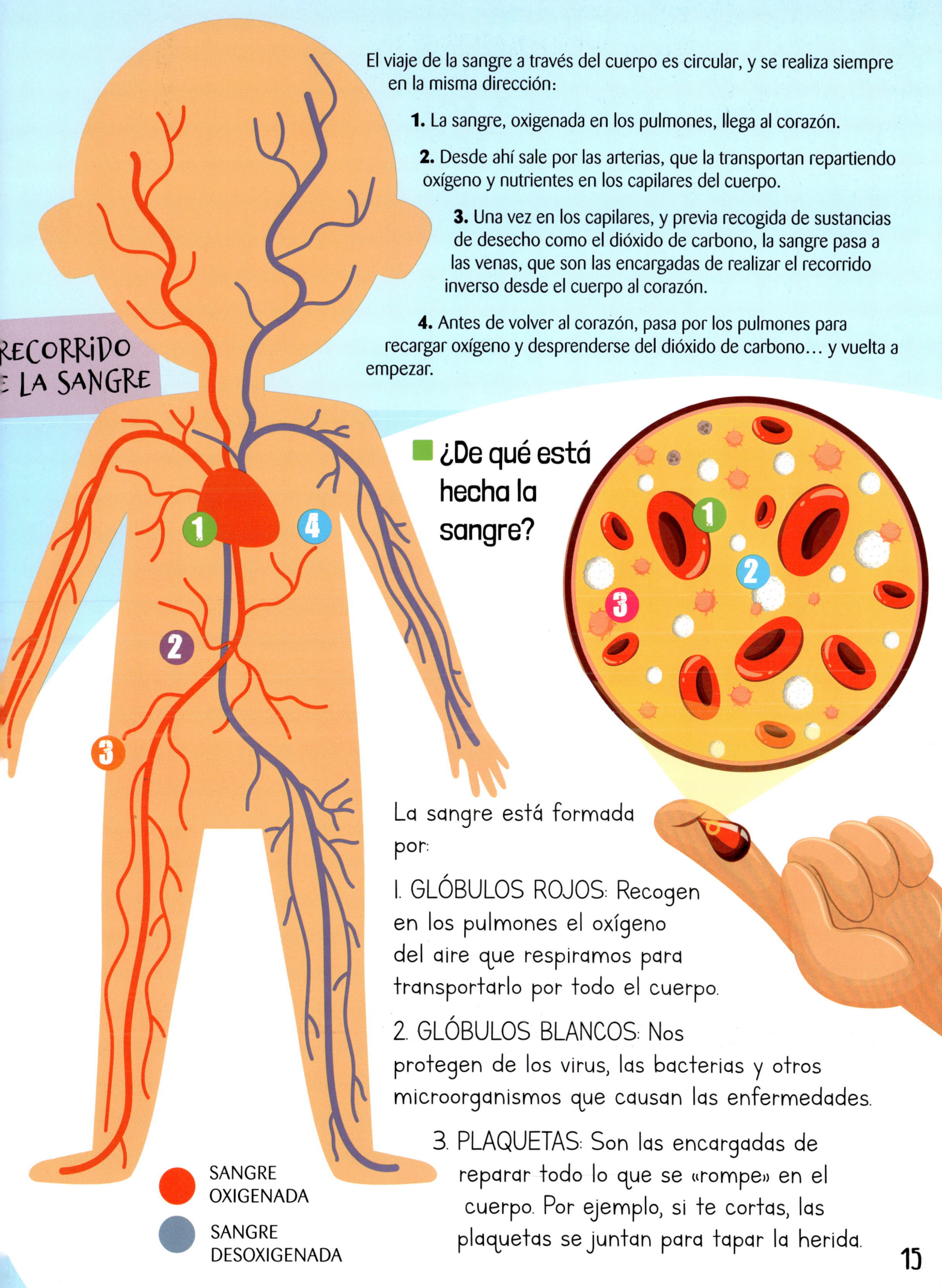

El corazón

Tenemos órganos importantes sin los que no podríamos vivir, y uno de ellos es el corazón: se encarga de que el oxígeno y los nutrientes lleguen a cada célula de tu cuerpo.

Si el **corazón** fuese una fuente, **lanzaría la sangre a unos 10 m** de altura.

El corazón late 35 millones de veces al año y 3 000 millones de veces a lo largo de una vida de 85 años.

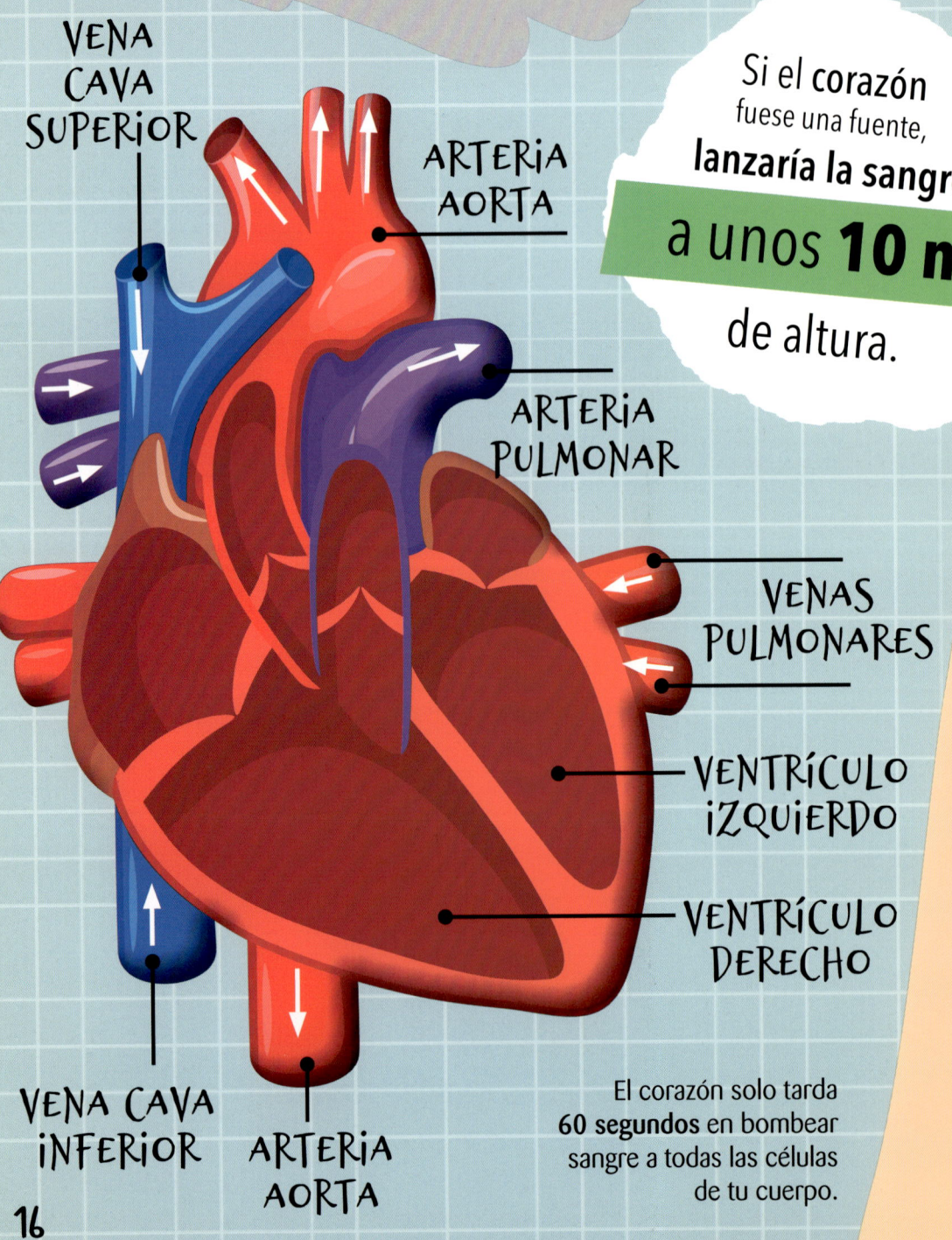

- VENA CAVA SUPERIOR
- ARTERIA AORTA
- ARTERIA PULMONAR
- VENAS PULMONARES
- VENTRÍCULO IZQUIERDO
- VENTRÍCULO DERECHO
- VENA CAVA INFERIOR
- ARTERIA AORTA

El corazón solo tarda **60 segundos** en bombear sangre a todas las células de tu cuerpo.

Este preciado y perfecto músculo bombea rítmicamente la sangre oxigenada del corazón a los tejidos de nuestro organismo. Y lo hace sin descanso unas 80 veces por minuto incluso antes de nuestro nacimiento, cuando apenas tenemos cuatro semanas. A lo largo de un día, una media de 100.000 latidos bombean en torno a 8.000 litros de sangre.

¿Cómo late el corazón?

Antes de cada latido, el corazón se te llena de sangre. A continuación, el músculo se contrae para impulsar la sangre hacia fuera. Cuando el corazón se contrae, se encoge: prueba a cerrar la mano para formar un puño y luego a abrirla. Eso es más o menos lo que hace tu corazón para impulsar la sangre hacia fuera.

¿Cómo bombea la sangre el corazón?

Tu corazón es una especie de bomba, o mejor dicho, dos bombas en una. El lado derecho recibe sangre del resto del cuerpo y la bombea hacia los pulmones. El lado izquierdo hace justo lo contrario: recibe sangre procedente de los pulmones y la bombea al resto del cuerpo.

El corazón no está situado a la izquierda del pecho, sino en **medio**, con el vértice apuntando un poco hacia la izquierda. El pulmón izquierdo es más pequeño para dejarle sitio.

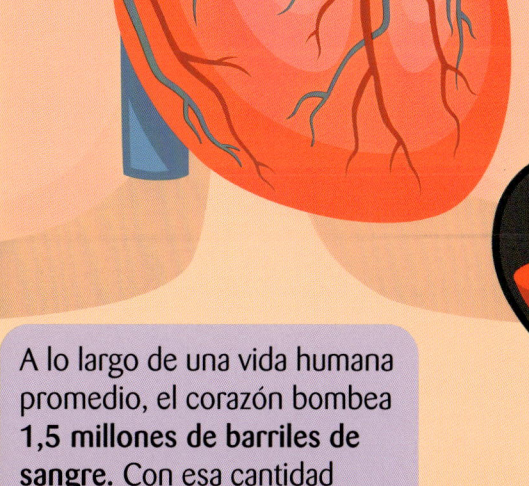

A lo largo de una vida humana promedio, el corazón bombea **1,5 millones de barriles de sangre**. Con esa cantidad podrías llenar **100 piscinas olímpicas**.

¡QUÉ CURIOSO!

• Aunque pesa tan solo unos 300 g, el corazón bombea 7 570 litros de sangre por día a través de 96 561 km de vasos sanguíneos. El corazón es el órgano que realiza el mayor esfuerzo físico de todos.

• Entre el 15 y el 20 % de la sangre bombeada por el corazón va hacia el cerebro y el sistema nervioso central. El 22 % se dirige directamente hacia los riñones.

• La energía que genera tu corazón en un solo día es suficiente para hacer que un camión se desplace 32 km.

Respiración externa

Aunque lo hagas sin darte cuenta, todos los días, a todas horas y en cualquier lugar, estás respirando. A través de la respiración, el organismo recibe del exterior el oxígeno, un gas fundamental para que las células de todo el cuerpo realicen sus funciones adecuadamente. En este proceso intervienen muchos órganos, todos ellos perfectamente coordinados y organizados por el sistema respiratorio.

■ Inspira, espira

El aire que llega a los pulmones se somete a dos tipos de movimientos «dirigidos» por el diafragma:

Además de aire, al espirar también eliminamos agua (es ese vapor que empaña un cristal al soltar el aliento sobre él) en una cantidad aproximada de medio litro diario.

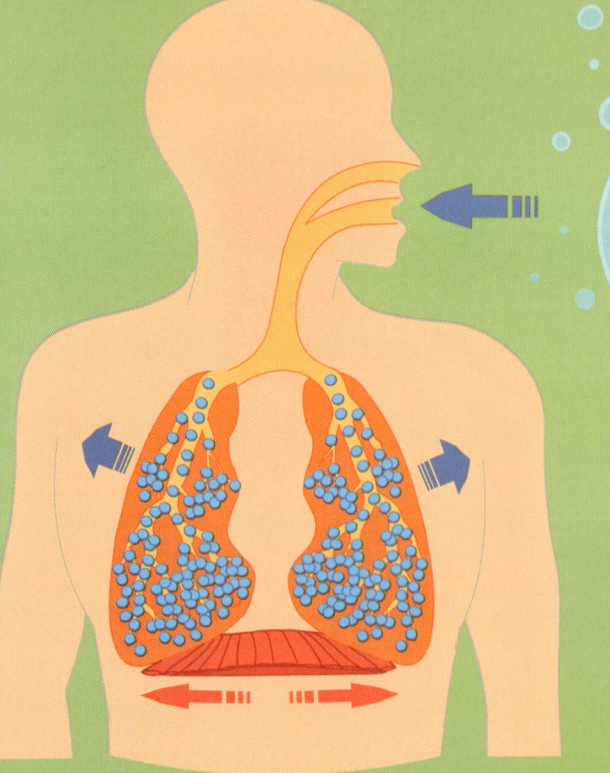

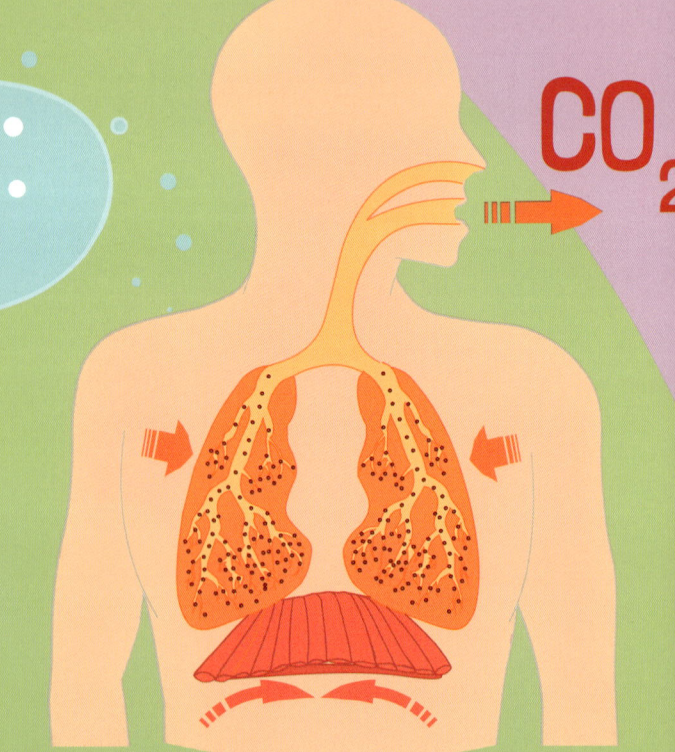

INSPIRACIÓN: Es el movimiento que hace entrar el aire a los pulmones (se pone en marcha cada vez que respiramos). Como consecuencia de él, los pulmones se llenan y aumentan de tamaño.

ESPIRACIÓN: Es el movimiento contrario; se produce cuando se expulsa el aire que el cuerpo no necesita y que contiene dióxido de carbono y otras sustancias de desecho.

■ Objetivo, los pulmones

Básicamente, la función del aparato respiratorio es hacer el intercambio de dos gases: el oxígeno y el dióxido de carbono. Este intercambio se realiza en los pulmones, pero antes el aire que respiramos debe atravesar una larga «autopista» con distintos tramos: las vías respiratorias.

1 La nariz

Está formada por dos agujeros de entrada y salida de aire (las fosas nasales) dentro de los cuales hay unos pelillos que filtran las impurezas.

2 La laringe

Es el tubo que conduce el aire. Dentro se encuentran las cuerdas vocales, que son las que nos permiten hablar (al pasar el aire por ellas, «vibran», produciéndose la voz y otros sonidos).

3 La tráquea

Es un tubo más largo, formado por una serie de anillos y llenos con una sustancia parecida al moco, la cual tiene la función de «atrapar» cualquier partícula de polvo u otra sustancia que haya podido colarse del exterior.

4 Los bronquios

Se trata de dos tubos pequeños en los que se divide la tráquea. Cada uno de los bronquios penetra en el pulmón y se divide a su vez en ramificaciones más pequeñas, llamadas bronquiolos.

5 Los pulmones

Son los órganos más importantes del sistema respiratorio, ya que en ellos se produce el intercambio de gases.

6 Los bronquiolos

Llegan a todas las zonas del pulmón y son los encargados de depositar el aire en los alveolos.

7 El diafragma

Es un músculo situado debajo de los pulmones. Les ayuda a moverse y a completar el proceso de la respiración.

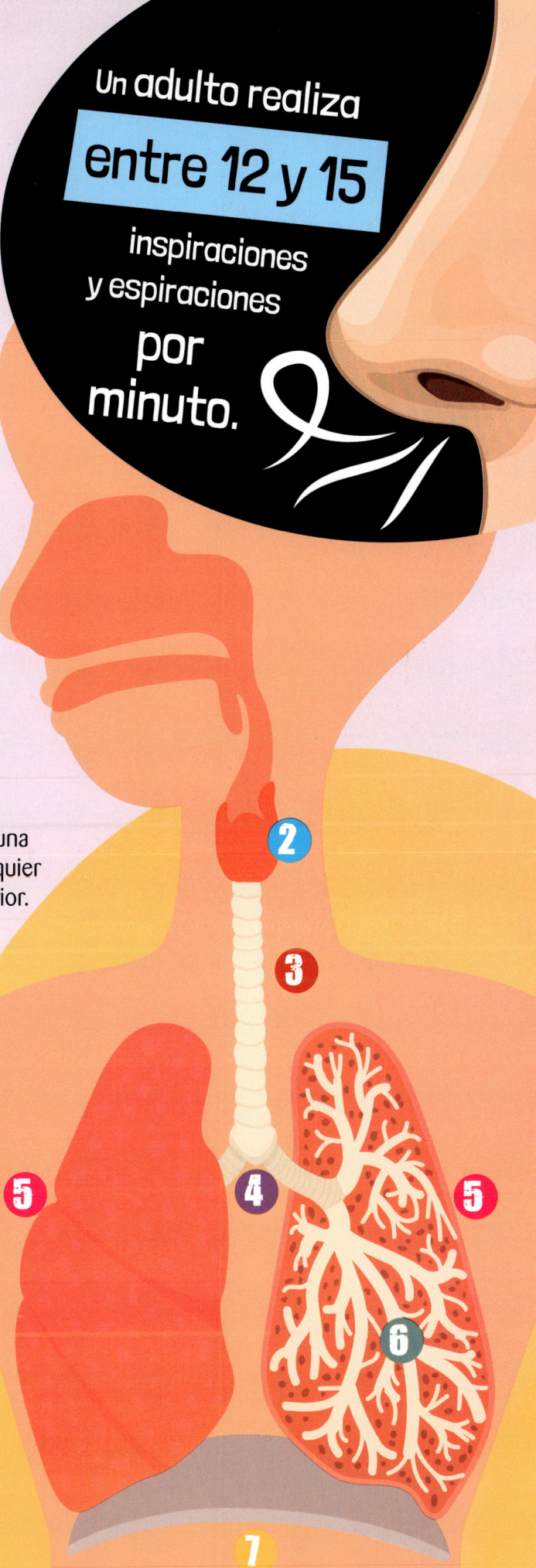

Un adulto realiza entre 12 y 15 inspiraciones y espiraciones por minuto.

Respiración interna

Una vez que el aire llega a los alveolos, situados en los pulmones, se produce la verdadera respiración, o respiración interna. «¿Y eso qué es?», te preguntarás. Pues el proceso por el que los glóbulos rojos, que han obtenido oxígeno a través de los alveolos pulmonares, ceden este mismo gas a las células para que funcionen.

■ Entra oxígeno, sale dióxido de carbono

Ya hemos visto que la función del aparato respiratorio es hacer el intercambio de dos gases: el oxígeno (O_2) y el dióxido de carbono (CO_2) en los pulmones y más concretamente, en unos pequeños sacos de aire que hay en ellos: los alveolos.

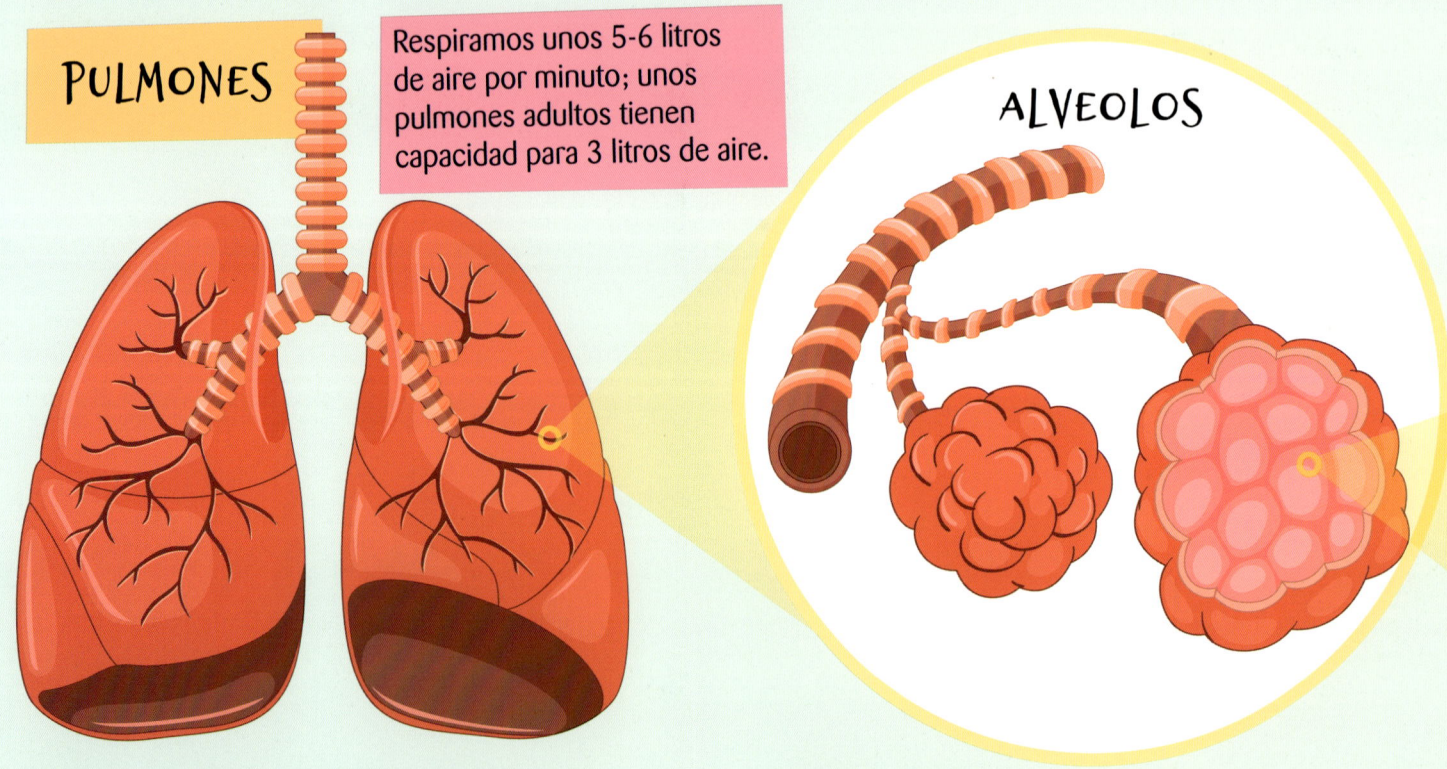

PULMONES

Respiramos unos 5-6 litros de aire por minuto; unos pulmones adultos tienen capacidad para 3 litros de aire.

ALVEOLOS

1 Al inspirar, el aire llega a los pulmones y luego a los alveolos.

2 Los alveolos tienen unas paredes muy finas y están rodeados de capilares sanguíneos.

¡QUÉ CURIOSO!

- Los pulmones están situados en el tórax, y se encuentran protegidos por la caja torácica, una especie de «armadura» formada por 12 pares de costillas.

- Son suaves, blandos y esponjosos y, si están sanos, tienen un color rosado.

- Si pudiéramos extender nuestros alveolos en lugar de estar agrupados en los pulmones, el área que ocuparían tendría aproximadamente el tamaño de una cancha de tenis, entre 60 y 90 m^2.

Tenemos unos 750 millones de alveolos, entre los dos pulmones.

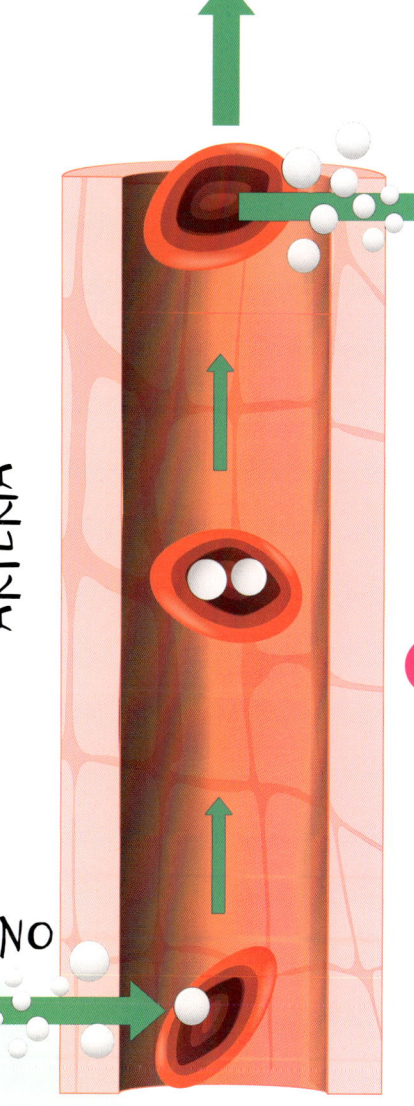

HACIA LAS VENAS

CÉLULAS

ARTERIA

OXÍGENO

4 Los glóbulos rojos transportan el oxígeno a todas las células del cuerpo.

Si se colocaran uno detrás de otro, los capilares que hay en los pulmones ocuparían un espacio total de 1 600 km.

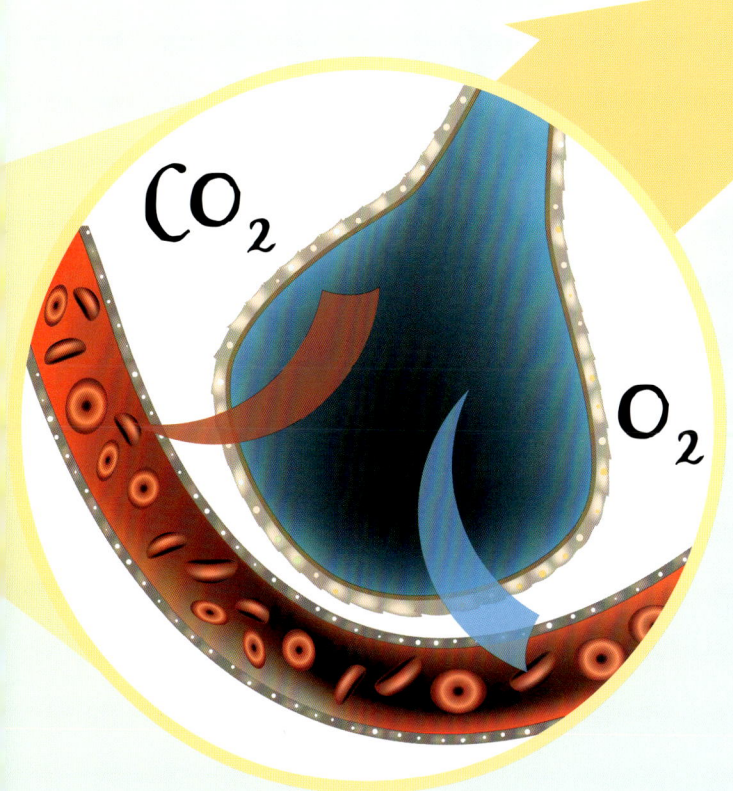

CO$_2$

O$_2$

3 Por los capilares circula sangre rica en dióxido de carbono, producido por las células cuando estas utilizan el oxígeno para funcionar. Al desembocar en los alveolos, la sangre se carga de nuevo de oxígeno y «suelta» el dióxido de carbono.

Este dióxido de carbono recorre el camino inverso al que ha hecho el aire inhalado, y sale al exterior al espirar.

El aparato excretor

¿Te has preguntado alguna vez para qué sirve la orina?, ¿y por qué sudamos? Para entenderlo, debes pensar en tu organismo como si fuera una fábrica que siempre está a pleno funcionamiento. Y, como ocurre en todas las fábricas, tiene que desprenderse de los desechos que se producen. Esta es precisamente la misión del aparato excretor, formado por el sistema urinario y las glándulas sudoríparas.

■ Riñones: unos filtros muy potentes

El sistema urinario se encarga de producir y expulsar la orina, y lo hace a través de unos órganos de los cuales, sin duda, los más importantes son los riñones. Tienen forma de judía y están situados a ambos lados de la columna vertebral. Hasta ellos llega la sangre, cargada de desechos, y su principal tarea es limpiarla, formando la orina como producto final.

Desde los riñones, la orina inicia un recorrido que finaliza cuando sale al exterior (al hacer pipí).

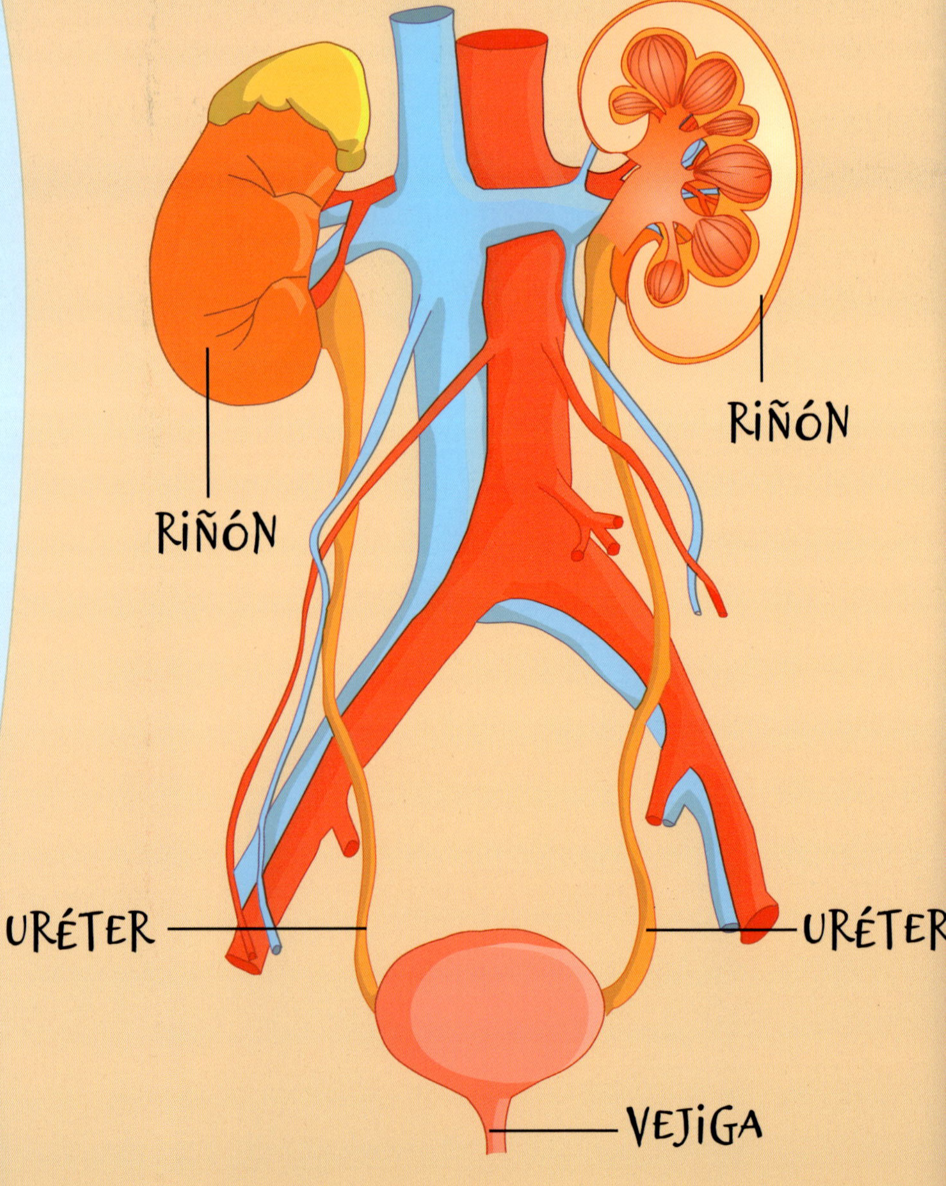

RECORRIDO DE LA ORINA

Uréteres
Son dos largos tubos que controlan que el recorrido de la orina transcurra en orden, evitando que esta «se escape» antes de tiempo.

Vejiga
En ella se almacena la orina. Tiene una enorme capacidad, ya que, al estar formada de músculo, es muy elástica.

Uretra
Es el conducto a través del cual la orina se elimina al exterior.

Cada día eliminamos unos 1,5 litros de orina.

■ La orina, mucho más que un líquido amarillo

La mayor parte de la orina es agua y, además, en ella se pueden encontrar sales minerales y otras sustancias como la urea, que es el desecho que el organismo produce al procesar las proteínas.

SUDOR   PIEL

La producción de sudor varía de una persona a otra y es distinta según la situación: es normal sudar mucho más cuando hacemos ejercicio o, por ejemplo, al ponernos nerviosos. En algunos momentos se puede llegar a sudar... ¡hasta un litro a la hora!

■ El sudor, no solo en las axilas

El otro órgano que forma parte del aparato excretor son las glándulas sudoríparas, que son las encargadas de fabricar el sudor, una sustancia líquida que, al igual que la orina, está formada principalmente por agua, sales minerales y urea. Las glándulas sudoríparas están repartidas por toda la piel.

GLÁNDULA SUDORÍPARA

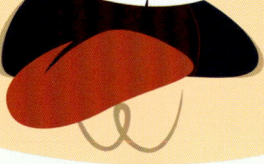

Los sentidos: el tacto

¿Sabías que los seres humanos tenemos una especie de «antenas» que nos permiten percibir los estímulos y las sensaciones que recibimos desde el exterior y actuar frente a ellos? Se trata de los sentidos, que son cinco: vista, oído, gusto, olfato y tacto. Y este último es el más peculiar y, también, el más diferente a los demás.

■ Los receptores: agentes especiales

El cerebro reconoce los estímulos que llegan del exterior gracias a la información de unos «agentes especiales»: los receptores. Los receptores del tacto están repartidos por toooooodo el cuerpo, a lo largo de la superficie de la piel: son los receptores sensitivos. Los receptores de la piel están a su vez «encapsulados» en unas formaciones de tejido llamadas corpúsculos.

1 **Corpúsculo Meissner:** Identifica la forma, tamaño y textura de los objetos que tocamos.

2 **Corpúsculo Pacini:** Detecta la presión y el peso de las cosas.

3 **Corpúsculo Ruffini:** Es el encargado de informar sobre el calor y la temperatura.

4 **Corpúsculo Krause:** Avisa del frío ambiental.

La piel es el órgano **más grande** del cuerpo.

PIEL

¿Para qué sirve el tacto?

El tacto es un sentido muy importante para la supervivencia, ya que nos protege de todos los factores externos que pueden hacernos daño y nos ayuda a comprender y diferenciar el mundo que nos rodea:

DIFERENCIAR LAS CARACTERÍSTICAS DE LOS OBJETOS QUE TOCAMOS

- DURO
- BLANDO

SENTIR DOLOR

PERCIBIR LA TEMPERATURA

- FRÍO
- CALOR

DESARROLLAR LA HABILIDAD PARA SENTIR EL MUNDO QUE NOS RODEA

¡QUÉ CURIOSO!

- La piel no es solo el órgano más grande del cuerpo sino también el más pesado: ¡pesa entre 2 y 4 kg!
- El grosor de la piel es de 2 mm.
- Se calcula que en la piel hay alrededor de 200 000 receptores del frío y el calor, 500 000 receptores de la presión y casi 3 millones de receptores del dolor.

Los sentidos: el oído

El sentido del oído no solo permite escuchar los distintos tipos de sonidos que se producen a nuestro alrededor, sino que tiene otra misión igual de importante: mantener el equilibrio del cuerpo.

Y cumple ambas funciones gracias a la coordinación y el trabajo en equipo de las tres partes que forman este órgano.

1 OÍDO EXTERNO

CONDUCTO AUDITIVO EXTERNO

PABELLÓN AUDITIVO

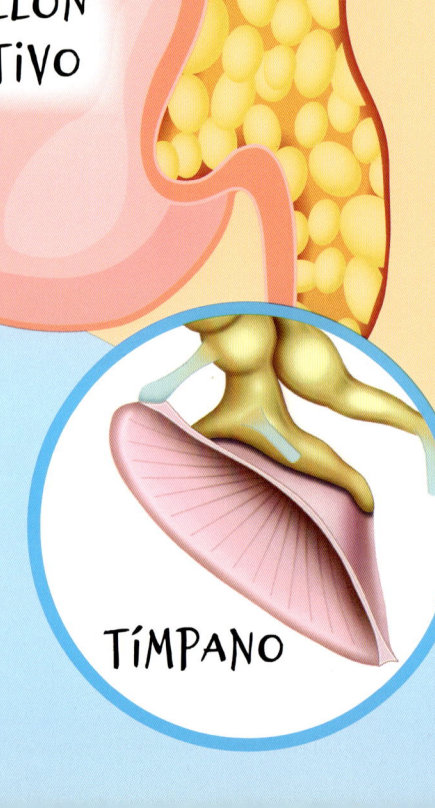
TÍMPANO

1 El oído externo

El oído externo está formado por las orejas (o pabellones auditivos), que captan y reciben los sonidos ambientales, y un túnel llamado conducto auditivo externo, que se encarga de transmitir los sonidos al interior del oído. El oído externo y el oído medio están separados entre sí por un elemento parecido a un tambor: el tímpano, una membrana que vibra cuando las ondas sonoras que forman los sonidos «chocan» con ella.

❷ OÍDO MEDIO

Es una zona llena de aire que traslada los sonidos que se han transformado en vibraciones en el tímpano hacia el oído interno.

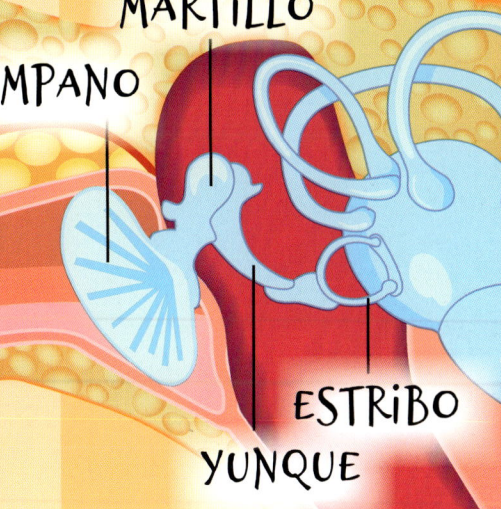

TÍMPANO
MARTILLO
ESTRIBO
YUNQUE

Aquí, estas vibraciones se «preparan» para llegar al oído interno, amplificando la señal pasando por tres pequeños huesos: el martillo, unido al tímpano; el yunque, conectado con el martillo, y el estribo, que es el que «deposita» las vibraciones al oído interno.

❸ OÍDO INTERNO

El oído interno está formado por el laberinto, un conjunto de canales en forma de espiral, llenos de líquido; y la cóclea, una estructura con forma de caracol, encargada de transformar las vibraciones en señales nerviosas.

LABERINTO
CÓCLEA

Estas señales llegan al nervio auditivo (nervio coclear), que se encarga de enviarlas al cerebro.

TROMPA DE EUSTAQUIO

El cerebro, a su vez, las interpreta y envía mensajes a los músculos en función del tipo de sonido.

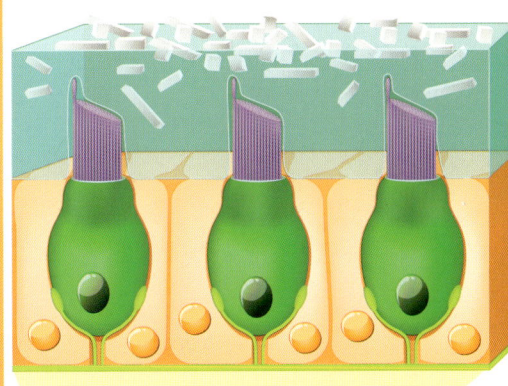

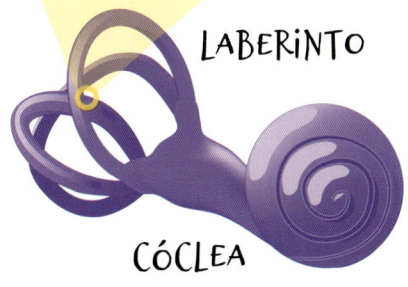

LABERINTO
CÓCLEA

■ Responsable del equilibrio

El oído es también el responsable de que mantengamos el equilibrio gracias a un líquido que hay en el interior del laberinto. Cuando movemos la cabeza, se mueve ese líquido y unos pelitos que tiene dentro, que informan al cerebro de este movimiento. El cerebro interpreta las señales y envía mensajes a los músculos para que nos ayuden a mantener el equilibrio.

27

Los sentidos: el gusto

Dulce, salado, amargo... El sentido del gusto nos permite disfrutar del sabor de los alimentos y, por tanto, es el «culpable» de que todos tengamos nuestras comidas preferidas y de que haya otras que no nos apetezcan nada. Pero además, este sentido tiene otra misión muy importante: protegernos de ingerir alimentos en mal estado.

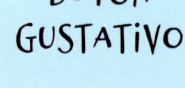

BOTÓN GUSTATIVO

PAPILA GUSTATIVA

■ Las papilas gustativas

Las auténticas protagonistas del sentido del gusto son las papilas gustativas, unos pequeños bultitos situados en toda la superficie de la lengua (y que son los responsables de que esta tenga ese aspecto tan rugoso) y también, aunque en menor medida, en el paladar y la garganta. Son las encargadas de captar los sabores y lo hacen gracias a unos «botones» que hay en ellas y que se activan al contacto con los distintos alimentos.

¿Cuántos sabores hay?

Siempre se ha considerado que hay cuatro sabores básicos o puros: dulce, amargo, salado y ácido, y que en la lengua existen papilas especializadas en la captación de cada uno de ellos. Sin embargo, desde hace unos años se habla de un quinto sabor: el umami. Su nombre procede de un término japonés que significa «sabroso», ya que la sensación que produce al comer los alimentos relacionados con él (quesos, jamón, tomates, espárragos, frutas maduras...) resulta muy placentera.

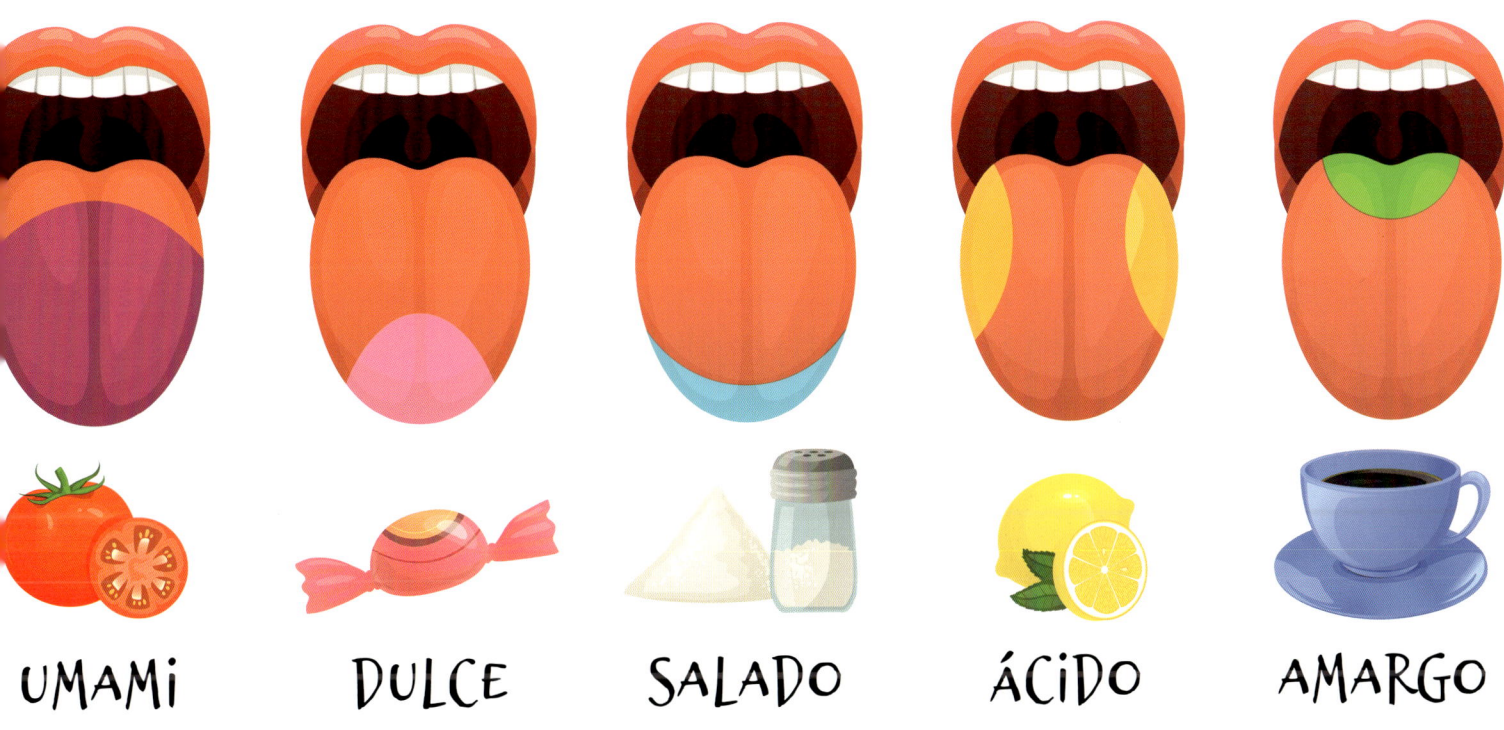

UMAMI   DULCE   SALADO   ÁCIDO   AMARGO

Amigos íntimos

El gusto necesita la participación de otro sentido, el olfato, para funcionar correctamente: al masticar, el olor del alimento llega a las fosas nasales, y estas añaden esa información al mensaje que se envía al cerebro. Esa es la razón por la que cuando estamos acatarrados o tenemos alergia no percibimos bien el sabor de los alimentos, ya que la comunicación boca-nariz queda interrumpida a causa de los mocos y la irritación.

Tenemos **más de 5 000 botones gustativos** por toda la lengua.

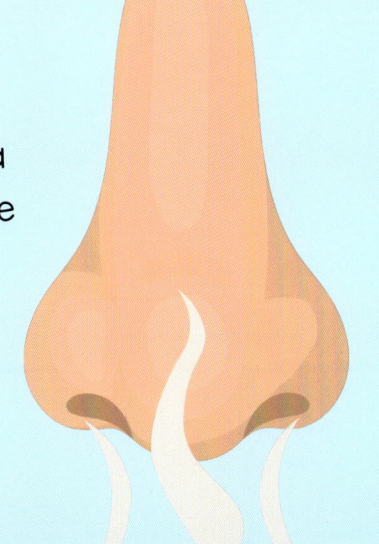

Los sentidos: el olfato

Tanto el delicado aroma que desprende una flor como el pestilente olor que surge a veces de los cubos de basura forman parte del enorme repertorio de olores presente en el aire que te rodea. Y puedes percibirlos gracias al sentido del olfato, cuyo órgano «oficial» es la nariz. Pero, ¿sabes que el olfato cumple, además, otras funciones superimportantes para el organismo?

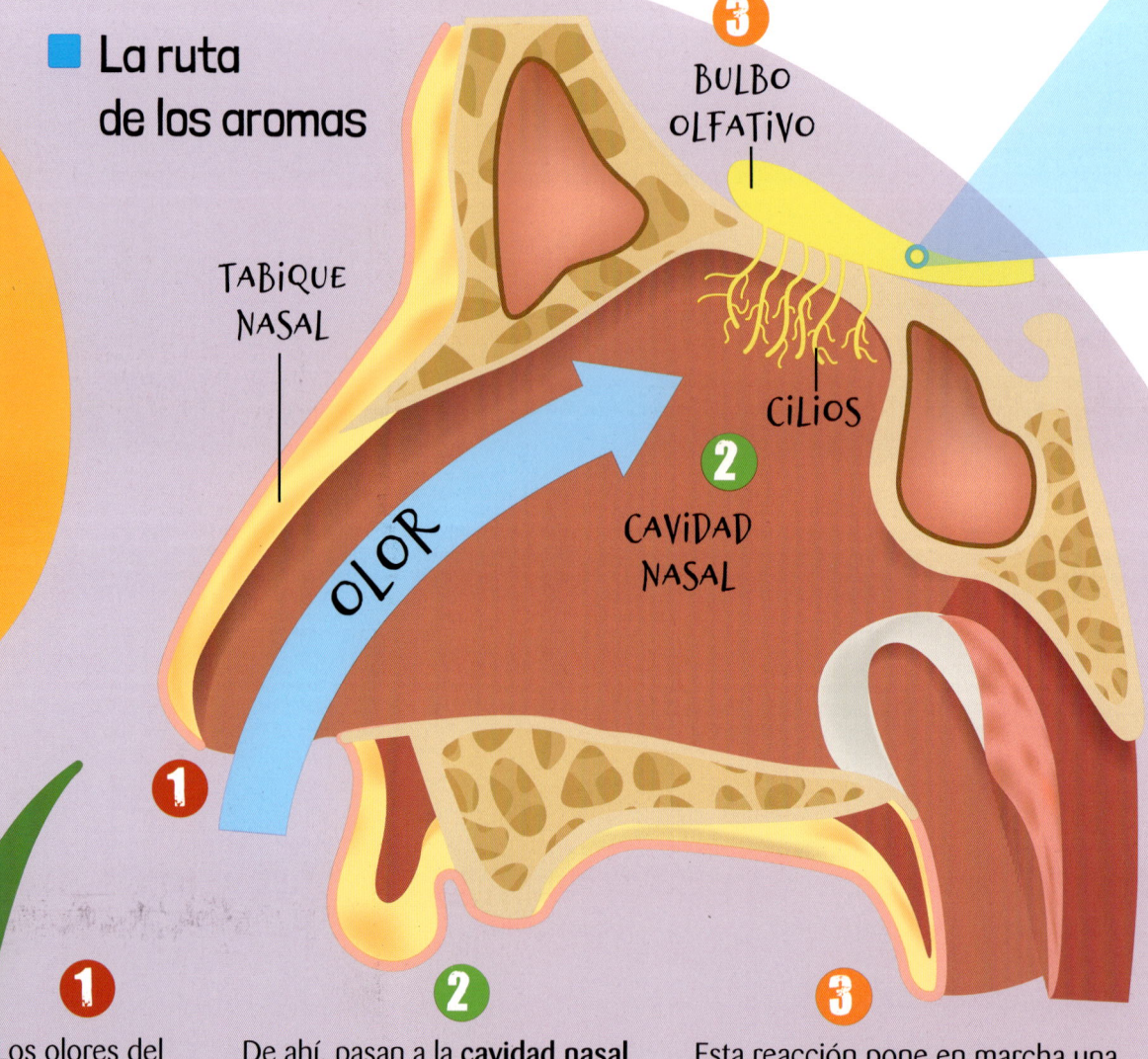

■ **La ruta de los aromas**

1 Los olores del exterior penetran, a través del aire que respiramos, por las **fosas nasales**.

2 De ahí, pasan a la **cavidad nasal**, donde entran en contacto con los **cilios**. Los receptores de los cilios reaccionan frente a las sustancias volátiles que forman los olores.

3 Esta reacción pone en marcha una serie de señales nerviosas que llegan hasta el **bulbo olfativo**. Finalmente, el nervio olfativo envía toda esta información a la parte del cerebro encargada de gestionar los olores.

ZOOM

BULBO OLFATIVO

CILIOS · CÉLULAS RECEPTORAS · OLOR

Tenemos **12 millones** de células nerviosas olfativas.

¡QUÉ CURIOSO!

- La nariz es capaz de llegar a percibir… ¡más de 10 000 olores diferentes!

- En 2012, un ingeniero llamado Abraham Tamir hizo una curiosa clasificación de los distintos tipos de nariz que existen según su forma. Hay nada menos que 14 tipos: griega (recta), aguileña (en forma de gancho)…

- En los cilios hay cerca de 20 tipos distintos de receptores, cada uno de los cuales está especializado en un tipo concreto de molécula olorosa.

- La velocidad de un estornudo puede superar los 60 km/hora.

¿Sabías que todos tenemos una huella olfativa única, excepto los gemelos idénticos, que desprenden el mismo olor?

¿Qué pasa en la nariz cuando estornudamos?

Los estornudos son la forma que tiene la nariz de desprenderse de las sustancias molestas: el polvo, el polen, olores como la pimienta… Los pelillos que recubren el interior de la nariz actúan como filtro de las sustancias que pueden resultar perjudiciales, y estas, al quedar retenidas, «protestan» en forma de picor o irritación. Entonces los receptores de este órgano avisan al cerebro de que hay un «infiltrado», y este reacciona mandando el mensaje a los músculos del abdomen, del diafragma, de la garganta e incluso de los párpados (por eso siempre cerramos los ojos al estornudar) de que se unan para expulsarlo inmediatamente. Y así se produce el estornudo. ¡Atchíííííís!

Los sentidos: la vista

Los ojos son la parte más expresiva de la cara y también los órganos principales de uno de los sentidos que más usamos para realizar nuestras actividades diarias: ver los colores y las formas de las cosas, leer, calcular las distancias y, en definitiva, enterarnos de todo lo que ocurre a nuestro alrededor.

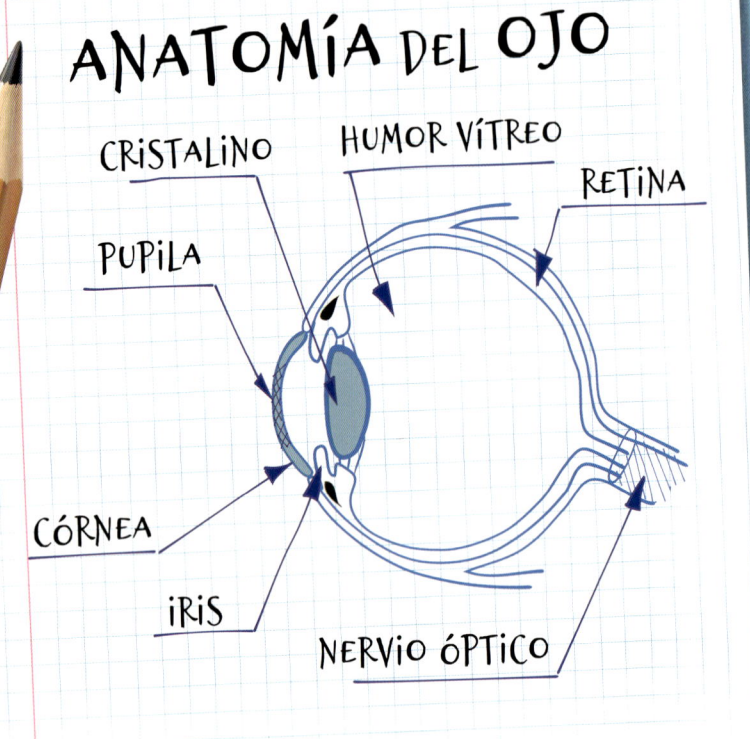

ANATOMÍA DEL OJO
- CRISTALINO
- HUMOR VÍTREO
- RETINA
- PUPILA
- CÓRNEA
- IRIS
- NERVIO ÓPTICO

El ojo puede **distinguir** hasta **10 millones** de colores diferentes.

■ Las lágrimas: no solo para llorar

Tienen la misión principal de mantener hidratado el ojo, para que no se seque, y también de eliminar algún germen o partícula que haya podido colarse en el interior.

Por otro lado, las lágrimas están directamente conectadas con las emociones, y por eso aparecen, sin que las podamos controlar, cuando estamos tristes... y también cuando nos reímos a carcajadas.

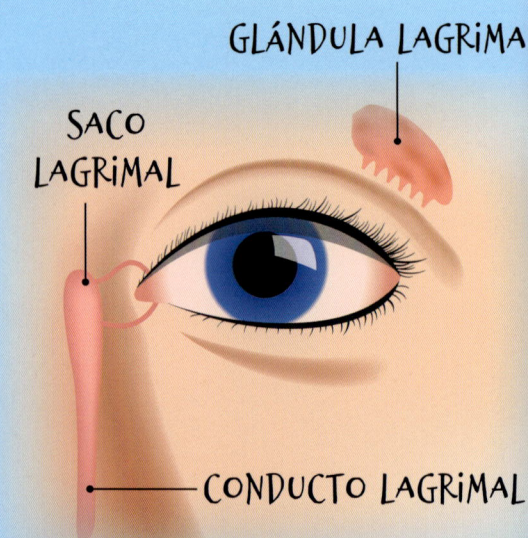

- GLÁNDULA LAGRIMA
- SACO LAGRIMAL
- CONDUCTO LAGRIMAL

¿Cómo vemos?

1 La luz entra en el ojo a través de la **pupila** (el círculo negro que hay en el centro del iris).

2 Esa luz llega al **cristalino**, que es una especie de lente, encargada de enfocar las imágenes y transmitirlas a la **retina**, que se encuentra en el fondo del ojo.

3 La **retina** está compuesta por millones de células que son sensibles a la luz y que transforman la información que reciben del cristalino en estímulos nerviosos. Estas células son de dos tipos: **bastones** y **conos**. Los **bastones** son los encargados de captar las luces y las sombras, mientras que los **conos** son los responsables de detectar los colores.

4 Los bastones y los conos transforman toda la información que reciben en mensajes que envían al **nervio óptico**, el cual actúa como si fuera una «red wifi» que conecta directamente el ojo con el cerebro.

5 Es así como esas imágenes percibidas por la retina son «interpretadas» de forma correcta por el **cerebro**.

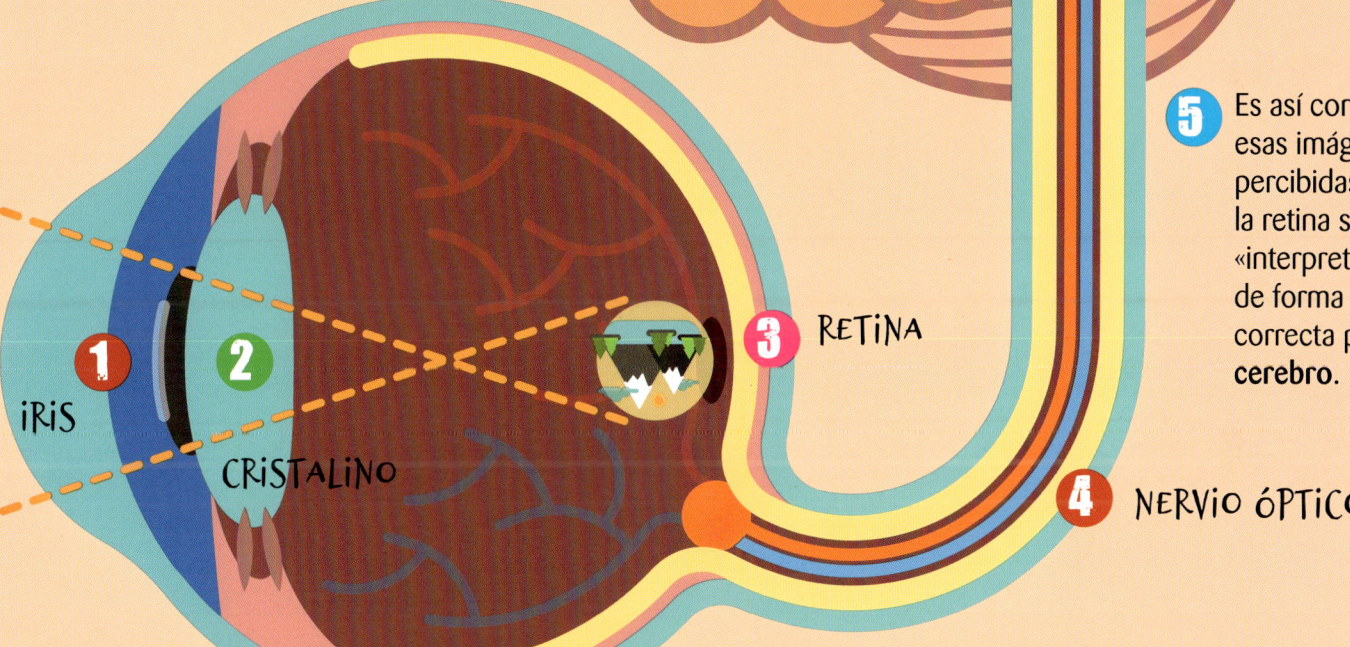

BASTONES

CONO

Los dientes

¿Qué hay dentro de un diente?

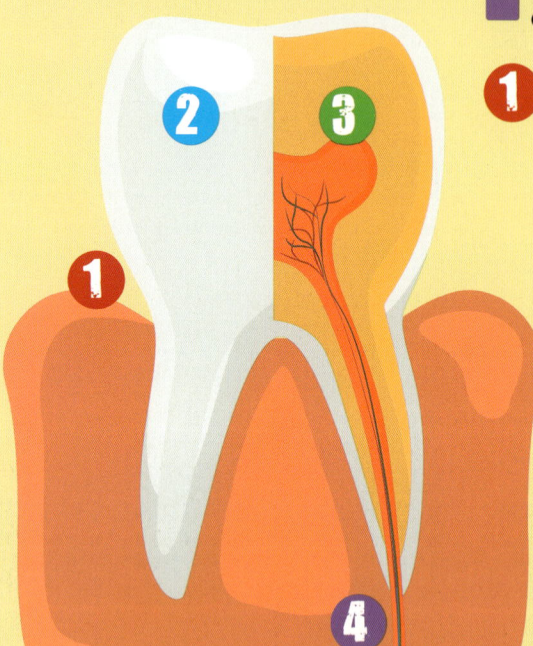

1. La parte más visible, blanca y dura del diente es el **esmalte**, que recubre a su vez a la zona que sale de la encía (el interior es la raíz dental), llamada **corona**. El esmalte actúa como un escudo, protegiendo al diente de los golpes, la acción de los microbios y otros elementos dañinos.

2. Debajo del esmalte se encuentra otra capa llamada **dentina** que, a su vez, protege a otra parte, la pulpa.

3. La **pulpa** sería el «corazón» del diente, ya que en ella se encuentran las ramificaciones nerviosas y los vasos sanguíneos, que son los encargados de «nutrir» a los dientes y mantenerlos en perfecto estado. Además, la pulpa es la zona más sensible; por eso, cuando tomamos un alimento muy frío o si una caries llega hasta ella, sentimos dolor.

4. Las **terminaciones nerviosas** de la pulpa están directamente conectadas con el cerebro, que es el que procesa los mensajes que le llegan desde esta parte del cuerpo.

De leche y de mayores

Los dientes están formados de una sustancia llamada queratina, un material tan, tan, tan resistente que los convierte en la parte más dura de todo nuestro cuerpo. La dentadura empieza a salir cuando somos bebés, entre los 6 y los 12 meses de edad; en realidad, los dientes están ahí, pero ocultos dentro de la encía. A los tres años, la boca ya tiene todos los dientes... pero no son los definitivos. Se trata de los dientes primarios o de leche, y son 20 en total. Se van cayendo poco a poco, sin dolor y casi siempre sin que nos demos cuenta, a partir de los 5 o 6 años, dando paso a la dentadura definitiva, formada por un total de 32 dientes.

En los dientes pueden **vivir** más de **300 tipos** de bacterias.

Los dientes, esas piezas blancas que hay en la boca y que debes limpiar muy bien todos los días, cumplen una doble función: por un lado, son fundamentales para comer (permiten morder los alimentos y masticarlos), y, por otro, desempeñan un papel muy importante en el proceso de hablar, ya que, junto a la lengua y los labios, hacen posible pronunciar determinados sonidos.

■ Tipos de dientes

Si te fijas bien, verás que tus dientes tienen una forma distinta según el lugar de la boca donde están colocados. Su forma y ubicación dependen de su función:

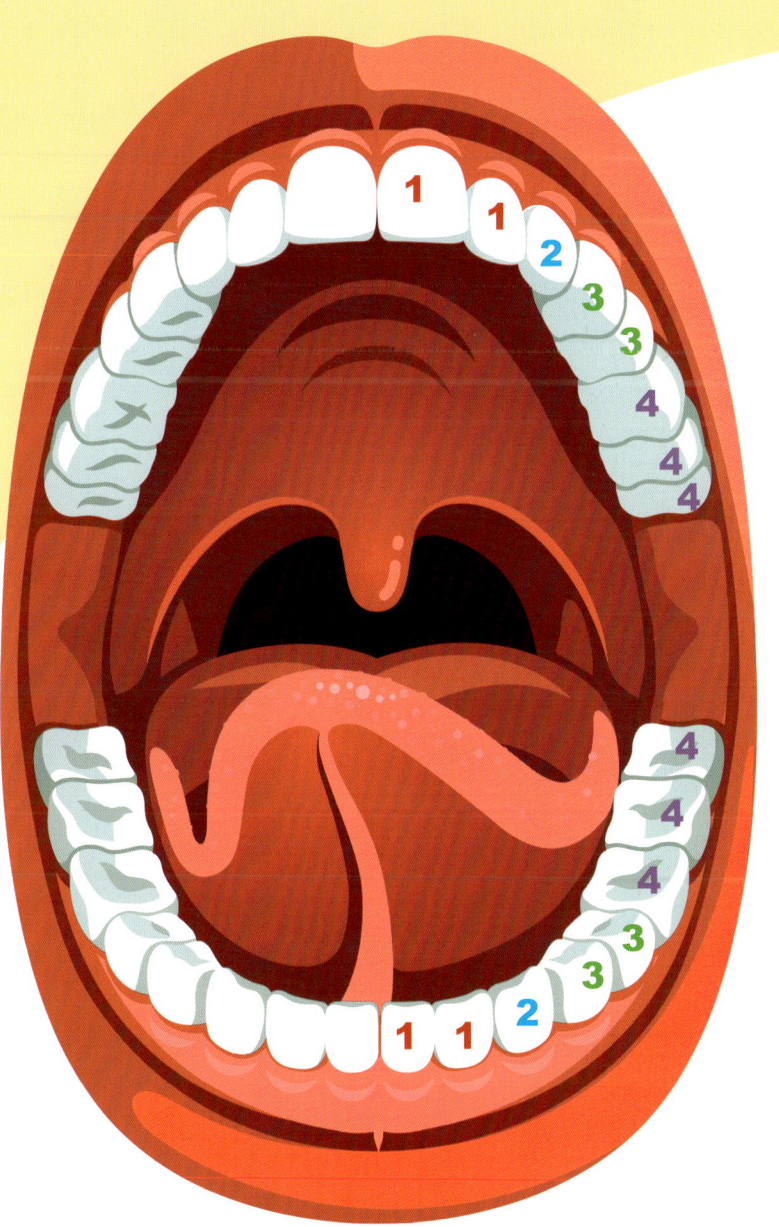

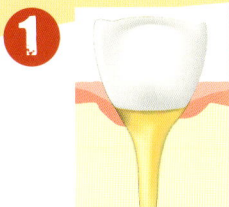 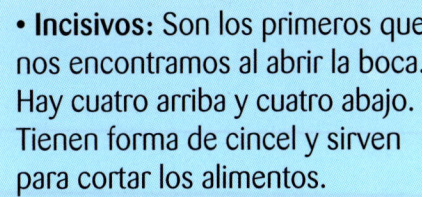

• **Incisivos:** Son los primeros que nos encontramos al abrir la boca. Hay cuatro arriba y cuatro abajo. Tienen forma de cincel y sirven para cortar los alimentos.

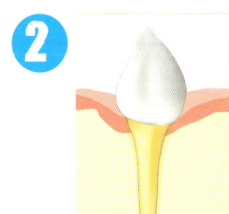

• **Caninos:** Tienen forma puntiaguda (también se les llama colmillos). Tenemos dos arriba y dos abajo y se emplean para triturar la comida.

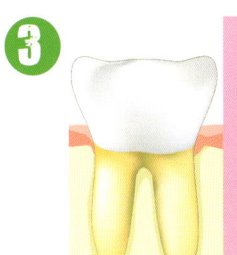

• **Premolares:** Son más grandes y su forma —con crestas— es totalmente distinta al resto de los dientes. Su función es triturar, aplastar y cortar los alimentos. Hay cuatro arriba y cuatro abajo.

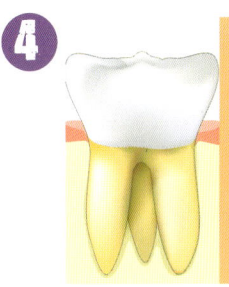

• **Molares:** Más anchos que los premolares, son los dientes más fuertes. Tenemos ocho (cuatro arriba y cuatro abajo), y trituran la comida que la lengua hace llegar hasta ellos.

El sistema inmune

Todos los días, un batallón impertinente de microorganismos, capitaneado por los virus y las bacterias, intenta atacar o, simplemente, entrar a vivir plácidamente en el interior de nuestro cuerpo, con el riesgo que esto tiene para la salud. Por suerte, disponemos de un sistema que se lo pone muy difícil y que pasa al ataque contra ellos cuando es necesario: el sistema inmune.

■ Glóbulos blancos, los héroes

Los jefes de este «sistema de protección» son los glóbulos blancos o leucocitos. Se trata de un tipo de células presentes en la sangre y que tienen una misión muy concreta: defender al organismo del ataque de virus, bacterias, hongos, parásitos, gérmenes y demás microorganismos perjudiciales. Los glóbulos blancos son de varios tipos:

GLÓBULO BLANCO

Son como radares pequeñitos: detectan y reconocen al «enemigo» en cuanto entra en el cuerpo, activando a continuación el plan de actuación programado para estos casos.

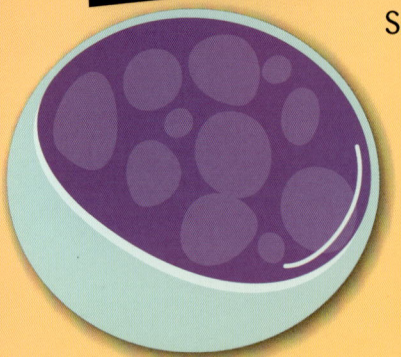

Actúan en «modo ataque», devorando literalmente, a los microorganismos invasores.

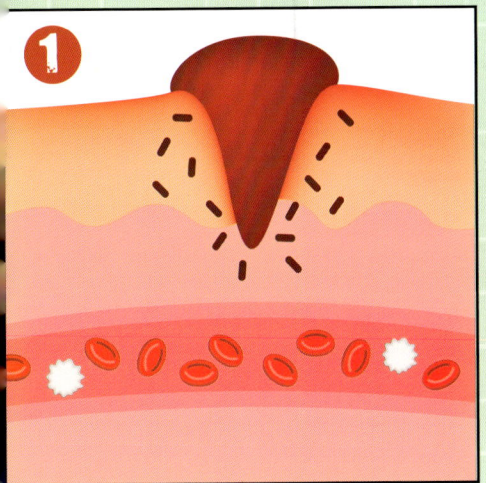 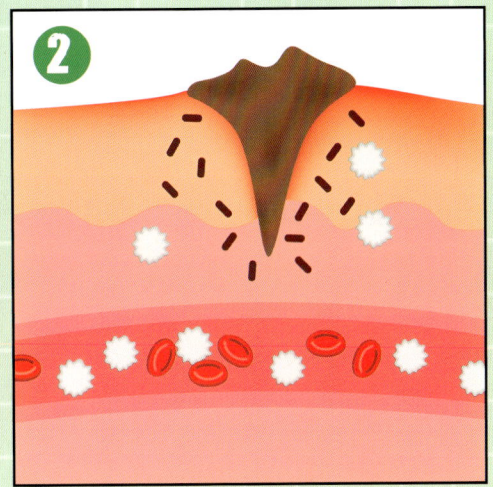 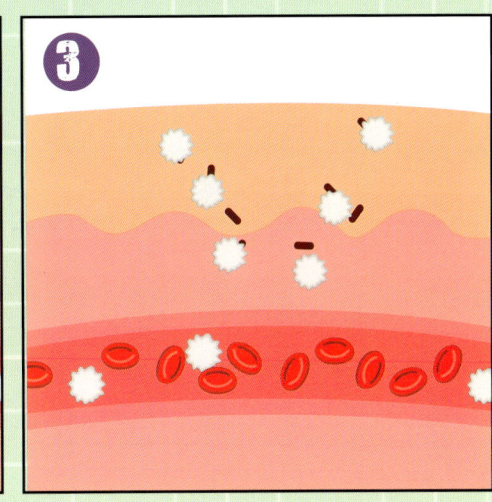

Luchando contra el enemigo

1. Los microorganismos nocivos son muy rápidos y listos, y muchas, muchísimas veces, consiguen superar la primera línea de defensa que el organismo tiene frente a su acción y que está formada por la piel, las mucosas, las lágrimas y la saliva. Y es que estos «bichitos» tienen una enorme facilidad para colarse a través de cualquier rasguño o herida que no esté bien limpia y desinfectada, moviéndose y multiplicándose a una velocidad asombrosa, en cuanto consiguen acceder al interior del cuerpo.

2. En cuanto detecta el avance de estos microorganismos, el organismo pone en marcha el equipo del sistema inmune, y es entonces cuando los glóbulos blancos entran en acción con la misión de evitar las infecciones y otros efectos negativos que puede producir el «invasor».

3. Como resultado de la lucha entre los glóbulos blancos y los agentes enemigos pueden producirse reacciones como la inflamación, un síntoma que, aunque puede resultar molesto, suele indicar que la acción de defensa se está desarrollando adecuadamente, es decir, que el sistema inmune ha cumplido su cometido, dejando KO al enemigo.

Las vacunas, nuestras aliadas

El sistema inmune cuenta con la inestimable ayuda de las vacunas. Estas, que se administran en forma de inyección, contienen una parte muy, muy, muy pequeña del microorganismo perjudicial (el que produce la gripe, el sarampión o la covid-19, la enfermedad infecciosa que ha llegado a ser una pandemia mundial) con un objetivo: que el sistema inmune reconozca al enemigo y entonces fabrique anticuerpos, esto es, sustancias específicas frente a ese microorganismo, que van a permitir hacerle frente en caso de que a este se le ocurra atacar a nuestro cuerpo.

En cada microlitro de sangre hay entre 5 000 y 10 000 glóbulos blancos.

El sistema reproductor

Los seres humanos nos reproducimos —es decir, damos lugar a nuevos seres humanos— a través del sistema reproductor, formado a su vez por una serie de órganos que son distintos en los hombres y en las mujeres. Estos órganos están ahí desde que nacemos, pero se desarrollan totalmente más tarde, durante la pubertad.

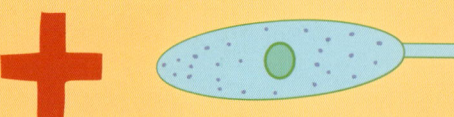

■ **Célula masculina + célula femenina = un nuevo ser**

La reproducción de los seres humanos es sexual, es decir, para que se forme un nuevo «humano» (un bebé) es necesario que se unan dos tipos de células generadas por el aparato reproductor: una célula sexual masculina (espermatozoide) y una célula sexual femenina (óvulo). En la fabricación de estas células intervienen una serie de órganos que son distintos en los hombres y en las mujeres. Todos ellos están situados en la parte inferior del cuerpo; unos (la mayoría) son internos mientras que otros son externos y los podemos ver.

¡QUÉ CURIOSO!

• En el aparato reproductor se encuentra la célula más grande y también la más pequeña del cuerpo humano: la más grande es el óvulo (mide entre 1,5 y 2 mm) y la más pequeña es el espermatozoide (mide menos de 5 micrómetros, una unidad de medida pequeñísima).

• Se calcula que cada hombre produce alrededor de 500 000 millones de espermatozoides durante toda su vida.

• Las mujeres nacen con unos 300 000 óvulos y, tras la pubertad, esta cantidad va disminuyendo con el paso de los años.

■ Así es el aparato reproductor femenino...

1 **LOS OVARIOS:** Son dos pequeños órganos con el mismo tamaño y forma que una almendra. Están situados a ambos lados del útero. Dentro de ellos están las células sexuales femeninas, llamadas óvulos.

2 **LAS TROMPAS DE FALOPIO:** Son dos conductos, largos y delgados, que unen los ovarios con el útero.

3 **EL ÚTERO:** Es un órgano musculoso y muy flexible (y tiene que ser así, ya que es donde crece el bebé cuando una mujer está embarazada).

4 **LA VAGINA:** Es un tubo o conducto que conecta el útero con el exterior.

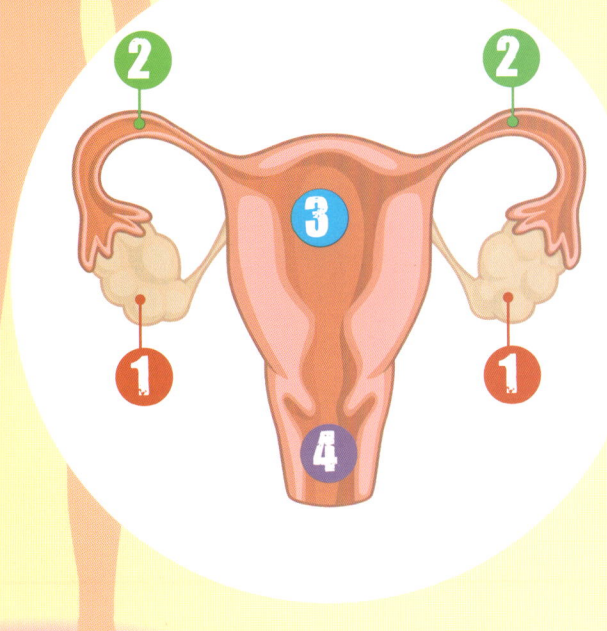

■ ... y así el masculino

1 **EL PENE:** Es un órgano situado en el exterior del cuerpo del hombre. Es musculoso y en su interior se encuentra otro órgano, la uretra, el conducto que expulsa al exterior la orina.

2 **LOS TESTÍCULOS:** Son dos órganos que también están en el exterior. Se encargan de fabricar los espermatozoides (imprescindibles para conseguir el embarazo) y las hormonas sexuales masculinas. Están protegidos por un saco de piel llamado **escroto**.

3 **LOS CONDUCTOS DEFERENTES:** Comunican los testículos con la uretra.

4 **LAS VESÍCULAS SEMINALES:** Son las encargadas de almacenar el líquido seminal, que es el que transporta los espermatozoides.

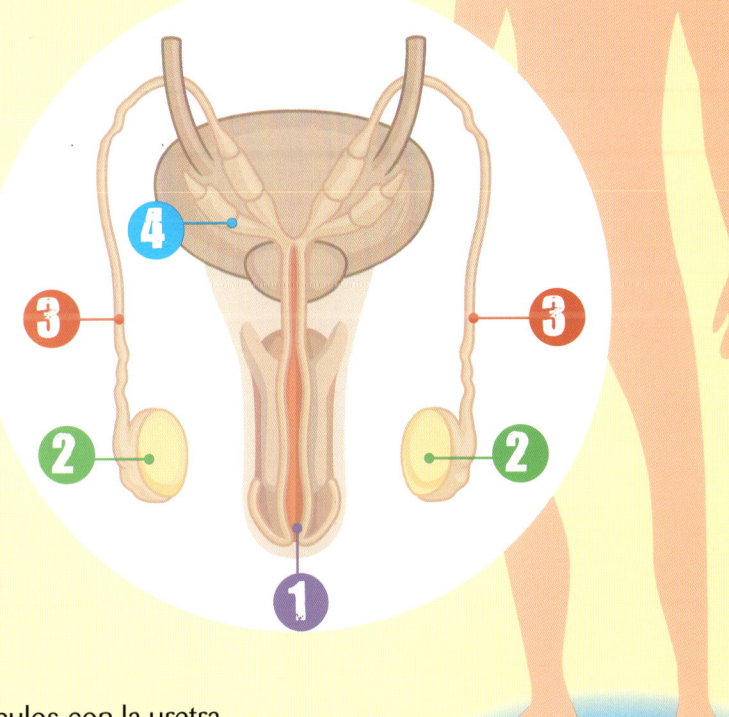

Todos, chicos y chicas, nacemos ya con nuestros órganos reproductores formados y colocados en su sitio, pero es en la pubertad (entre los 9 y los 13 años) cuando el aparato reproductor «se pone en marcha». Esto significa que se desarrolla totalmente y que los ovarios en el caso de las mujeres y los testículos en el de los hombres comienzan a fabricar óvulos y espermatozoides, respectivamente.

El embarazo

Antes de nacer todos éramos... unas pequeñas células en el cuerpo de nuestra madre y nuestro padre. Y es que, como ya hemos visto al hablar del sistema reproductor, los seres humanos «surgimos» a partir de la unión de un óvulo y un espermatozoide. Esta unión es el inicio de un apasionante viaje de nueve meses de duración.

■ Dos células «in love»...

La historia de todos los seres humanos comienza de la misma manera: con la fecundación. Este es el nombre que recibe el encuentro entre una célula reproductora masculina, el espermatozoide, y una femenina, el óvulo. La «cita amorosa» entre ambas se produce en las trompas de Falopio, dentro del cuerpo de la mujer. Y como resultado de ese encuentro se forma el cigoto, la primera célula «oficial» del nuevo ser vivo a partir de la que se forma el embrión.

ESPERMATOZOIDES

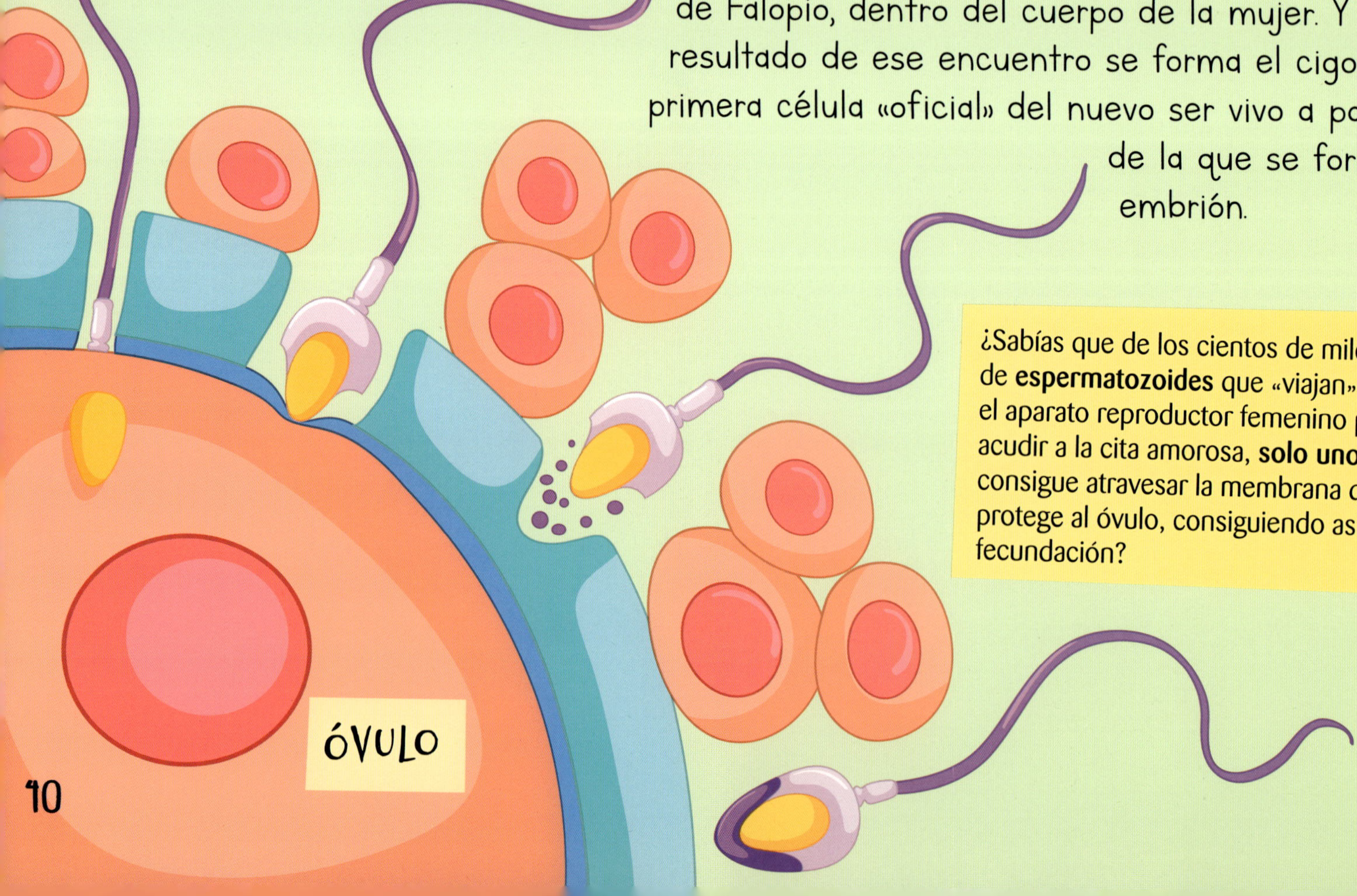

¿Sabías que de los cientos de miles de **espermatozoides** que «viajan» por el aparato reproductor femenino para acudir a la cita amorosa, **solo uno** consigue atravesar la membrana que protege al óvulo, consiguiendo así la fecundación?

ÓVULO

Creciendo sin parar

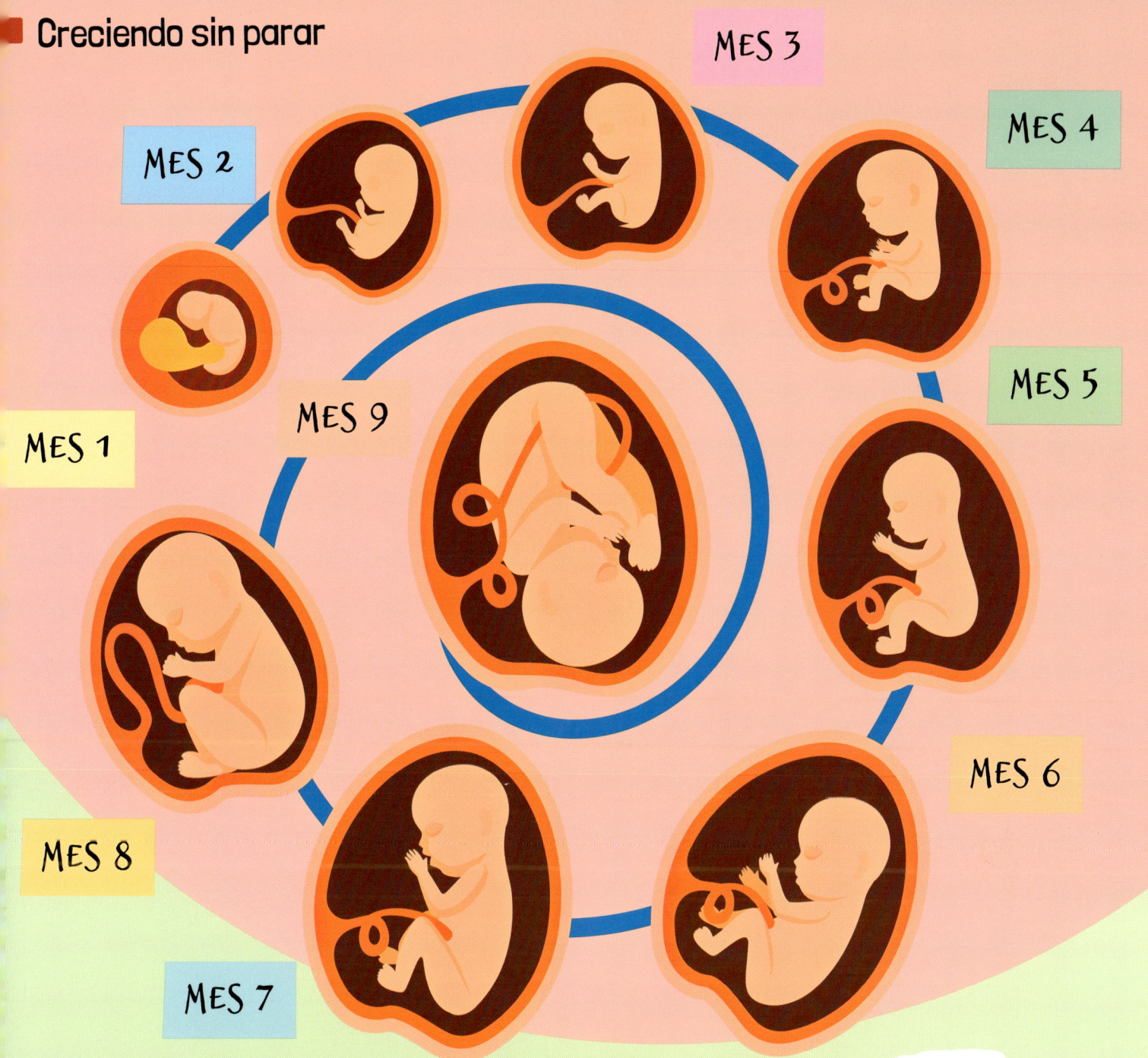

A lo largo de cada semana del embarazo el feto desarrolla en el útero los órganos de los sentidos, por lo que es capaz de oír, oler y hasta degustar el sabor del líquido que le rodea, llamado líquido amniótico; se van formando todos sus sistemas (digestivo, respiratorio, reproductor, circulatorio...); «construye» sus huesos y sus músculos y va aumentando de tamaño y definiendo sus rasgos. Y como consecuencia de toda esta actividad interior, la barriga de la mamá va creciendo poco a poco. Cuando el bebé ya está perfectamente formado, ha llegado el momento de nacer, y su llegada al «mundo exterior» se produce a través del parto.

El útero es capaz **de aumentar 500 veces su tamaño.**

El ADN

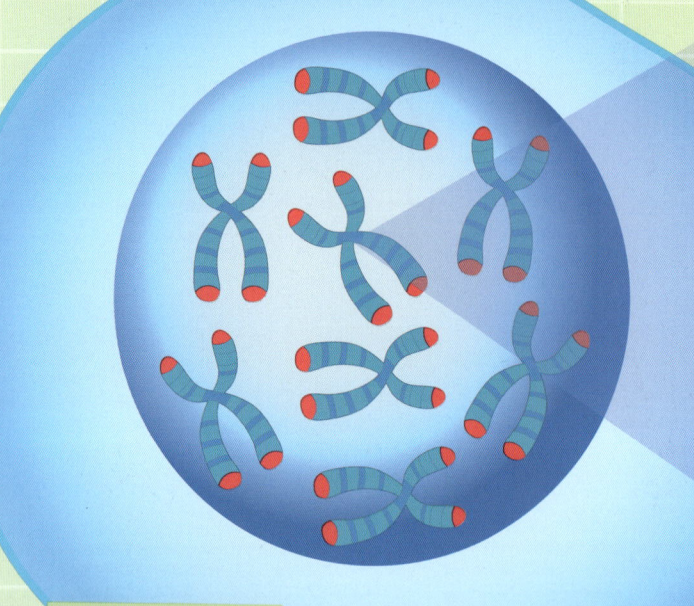

① CÉLULA

② CROMOSOMA

Uno de ellos son los **cromosomas**, unas formaciones con forma de espagueti que se encuentran en el núcleo (la parte más importante de las células) y que siempre van de dos en dos (en forma de pares). Cada cromosoma tiene a su vez miles de genes en su interior.

Los **genes** forman parte de un grupo de elementos que desarrollan una intensa actividad en todas y cada una de las **células** de nuestro organismo y que trabajan de forma perfectamente coordinada.

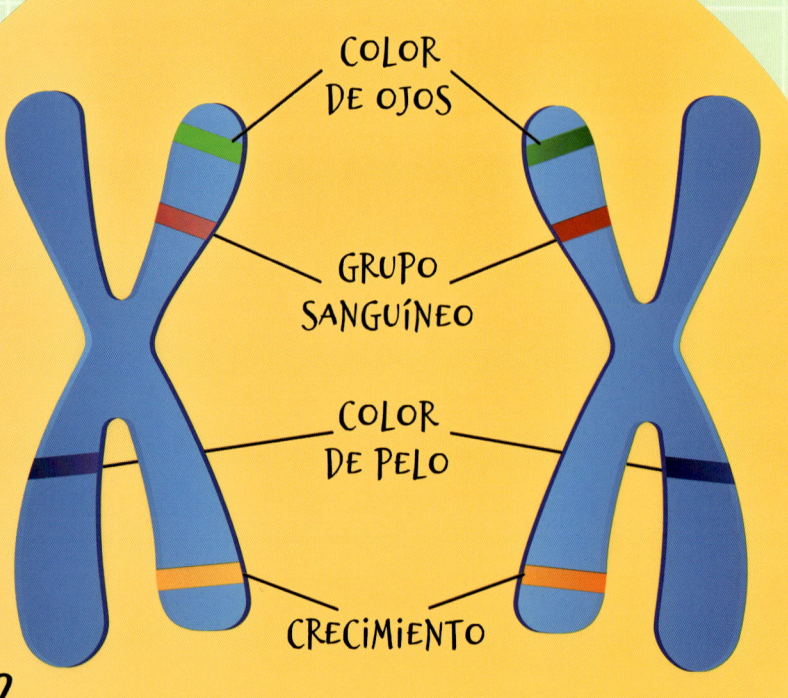

GENES
- COLOR DE OJOS
- GRUPO SANGUÍNEO
- COLOR DE PELO
- CRECIMIENTO

■ Genes guardianes de los «secretos familiares»

Los genes son unidades de información de las que está dotado nuestro cuerpo y que tienen una enorme responsabilidad: definir cuáles son los rasgos (color de pelo, piel y ojos, por ejemplo) y, también, las características de personalidad que heredamos de nuestro padre y de nuestra madre, es decir, todo aquello que nos transmiten.

¿Te has preguntado alguna vez por qué tienes el mismo color de ojos de tu papá o el pelo rizado como el de tu mamá, por ejemplo? No se trata de ningún misterio ni tampoco es una casualidad, sino que los «culpables» de que hayas heredado estos y otros rasgos son una serie de elementos que se encuentran en tus células: los genes, los cromosomas y, sobre todo, el ADN.

■ Una «copia» de papá; otra «copia» de mamá

El ADN tiene una peculiaridad: permite que cuando un bebé se está formando durante el embarazo reciba la mitad de los genes de su padre y la otra mitad de su madre: la capacidad de «duplicarse». Esto significa que cada vez que una célula se divide, se hace de forma automática una copia del ADN que hay en el núcleo. El resultado es que cada uno de los padres tiene dos copias de cada uno de sus genes, y transmite una de esas copias a su futuro hijo.

③ ADN

El **ADN** es el elemento que hace que cada uno de nosotros seamos «irrepetibles» –todos tenemos un ADN personal e intransferible– y es el principal responsable de que la información genética se transmita adecuadamente, ya que es el que da las órdenes a los genes y a los cromosomas para que formen las proteínas de la forma adecuada en cada caso.

El ADN se llama en realidad ácido desoxirribonucleico y es una molécula formada a su vez por un montón de átomos agrupados entre sí de una manera muy característica que hace que cada molécula de ADN tenga una curiosa forma de escalera en espiral. Los ADN siempre van de dos en dos, como los cromosomas; son muy largos y se encuentran enrollados en el interior del núcleo de la célula.

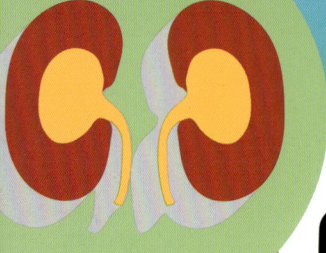

Contenido

¡Despega y aprende con tu póster GIGANTE!

El cuerpo humano, una máquina perfecta . . 2	El aparato excretor 22
El esqueleto 4	Los sentidos: el tacto . . 24
Los músculos 6	Los sentidos: el oído . . . 26
El sistema nervioso . . . 8	Los sentidos: el gusto . . 28
El cerebro 10	Los sentidos: el olfato . . 30
El sistema digestivo . . . 12	Los sentidos: la vista . . 32
La circulación 14	Los dientes 34
El corazón 16	El sistema inmune 36
Respiración externa . . . 18	El sistema reproductor . 38
Respiración interna . . . 20	El embarazo 40
	El ADN 42

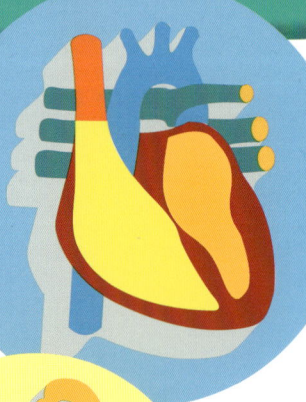

© 2022, Editorial LIBSA
C/ Puerto de Navacerrada, 88
28935 Móstoles (Madrid)
Tel.: (34) 91 657 25 80
e-mail: libsa@libsa.es
www.libsa.es

Colaboración en textos: Carla Nieto Martínez
Edición, diseño y maquetación: Lola Maeso Fernández
Fotografía: Archivo editorial Libsa, Shutterstock, Getty Images

ISBN: 978-84-662-3986-8

Queda prohibida, salvo excepción prevista en la ley, cualquier forma de reproducción, distribución, comunicación pública y transformación de esta obra sin contar con autorización de los titulares de la propiedad intelectual. La infracción de los derechos mencionados puede ser constitutiva de delito contra la propiedad intelectual (arts. 270 y ss. del Código Penal). El Centro Español de Derechos Reprográficos vela por el respeto de los citados derechos.

DL: M-14868-2020

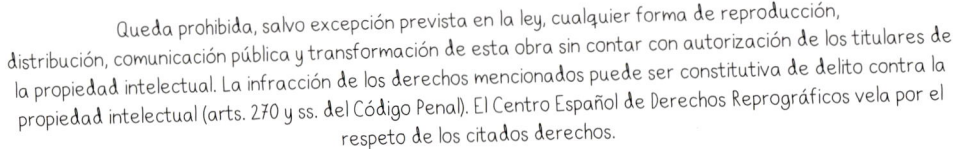